echt EMF

Juli Faber

UN*ERHÖRT!

Unschlagbare Argumente für gendergerechte Sprache

Mit Illustrationen von Justus Körtgen

echt EMF

Für:
Herrn Tuschinski. Den großartigsten Deutschlehrer, den ich je hatte.

Danke an:
Simo, Zoë, Prismo und Flo.

MIX
Papier | Fördert gute Waldnutzung
FSC® C145070
www.fsc.org

echtEMF ist eine Marke der Edition Michael Fischer
1. Auflage
Originalausgabe

Covergestaltung: Zoe Mitterhuber
Redaktion: Anna Sulik, Wien
Illustration © Justus Körtgen
Layout und Satz: Zoe Mitterhuber
Druck und Bindung: GGP Media GmbH, Karl-Marx-Str. 24, 07381 Pößneck
Printed in Germany
ISBN 978-3-7459-2286-8
www.emf-verlag.de

Inhalt

Vorwort. Oder so.

Feminist:innen wird oft vorgeworfen, sie hätten keinen Humor. Ihnen wird vorgeworfen, sie würden Männer hassen und diskriminieren, Probleme sehen, wo keine sind, und überhaupt grundsätzlich alles verkomplizieren. Als Feminist:in gerühmt werden von den Mainstream-Medien vor allem Menschen wie die Gender-Gaga-Autorin Birgit Kelle. Transfeindlich und rechts-konservativ, aber solange sie sich Feministin nennt, kann es ja nicht so schlimm sein.

Ein Feminismus, der unsere bestehenden normativen Regeln aufrechterhält, sind irgendwie okay. Ein wenig Frauenpower und Emanzipation sind sogar ein bisschen sexy, denn seit Frauen ein eigenes Bankkonto besitzen, selbst für ihre Kinder sorgen können und Berufe ausüben, auf die die männlich sozialisierte Hälfte der Menschheit keinen Bock hat, hat ebendiese Hälfte der Menschheit weniger Scherereien. Famos.

So richtig unerhört wird der Feminismus erst, wenn er beginnt, in unser Alltagsleben einzugreifen. Und das Gendern ist das Unerhört-Beispiel schlechthin. Jede Person hat irgendeine Meinung zum Gendern – weil es alle betrifft, die sich sprachlich ausdrücken. Dementsprechend fühlen sich auch Menschen aus jeder Gesellschaftsschicht vom Gendern gestresst und gestört: Rechts-Konservative und Nazis genauso wie Marx-und-andere-tote-bärtige-Männer-verehrende-Alt-Linke oder Ich-lebe-in-meiner-weiß-akademischen-Bubble-und-fühle-mich-ganz-wohl-hier-

Yuppies. Die Abneigung gegen das Gendern ist etwas, das viele Menschen vereint.

Wenn dann eine Person so unerhört daherkommt und die Wichtigkeit von sozial gerechter Sprache betont (oder sie in einem Nebensatz auch nur kurz erwähnt), reagieren manche so: emotionales Einschnecken, inneres Rollo runter, lass mich bloß in Frieden damit – und andere so: Was fällt dir ein, du Gefahr, du Extremist(:in [Anmerkung der Autorin]), du Untergang unserer Kultur. Und jetzt kommt dieses Buch und legt den Finger in die blutende (und seien wir ehrlich, auch schon sehr eitrige und eklig entzündete) offene Wunde.

Es besteht durchaus die Möglichkeit, dass dieses Buch viele Menschen darin bestätigen wird, dass Befürworter:innen von geschlechtersensibler Sprache ein Haufen impertinenter Ideolog:innen sind, deren Hobby es ist, anderen Menschen gehörig auf die Nerven zu gehen. Joah, kann passieren. Im Laufe der Lektüre werden wir jedoch feststellen, dass es sich im Grunde mit dem Gendern so verhält wie mit Sport. Oder mit gesundem Essen. Oder Schimmel aus den Fugen im Badezimmer kratzen. Ziemlich nervig, aber danach fühlen wir uns meistens besser.

Pingpong

Dass die deutsche Sprache sehr viele Menschen (die Hälfte!) auf der Welt benachteiligt, ist Feminist:innen schon in den 80er-Jahren aufgefallen. Es ist also kein neues Thema. Allerdings hat die Dynamik der Debatte um gendersensible Sprache in den letzten Jahren deutlich an Fahrt gewonnen. Diese Dynamik gleicht einem Pingpongspiel. Einem Pingpongspiel zwischen „So geht Gendern" (in der millionsten Überarbeitung, weil ändert sich ja ständig) und „Gendern ist doof, weil …". Dabei ist das meiste, was hinter diesem „weil" kommt, entweder seit hundert Jahren veraltet, unwissenschaftlich oder rechts. Aber trotzdem so populär in der deutschen Sprachgemeinschaft, dass oft nicht einmal Pro-Eingestellte etwas dagegenhalten können, sondern nur hilflos nach Luft schnappen.

Die ersten beiden Bücher, die aufploppen, wenn mensch „Gendern" in die Amazon-Suchleiste eingibt, sind die von Birgit Kelle und Fabian Payr. „20 gute Gründe, mit dem Gendern aufzuhören", „Gender-Politik ist das Problem, nicht die Lösung", „Gender-Gaga". Erst danach kommt der Duden mit seinem How-to-gendern-Sortiment und andere (hilfreiche!) Ratgeber.

Das nervt. Es kann nicht sein, dass rechts-konservative und transfeindliche Anti-Gender-Vollpfosten die inhaltliche Debatte ums Gendern dominieren. Da läuft was falsch. Als ich das erkannt habe, dachte ich: Moooooment! Halt mal. Dazu habe ich was zu sagen. Denn dazu habe ich ja studiert.

Denn was der Debatte ums Gendern bisher eindeutig fehlt, sind aufmunternde Bestätigungen, die den Sprechenden die Furcht vor dem Gendern nehmen, die Berührungsangst – oder die Faulheit, je nachdem. Selbst Menschen, die schon gendern, fehlt es oft an Argumenten, warum genau sie das eigentlich machen und wieso das Sinn ergibt, was sie da machen. Der kleinste Angriff aus der konservativen Ecke birgt die Gefahr, ihnen den Wind aus den Segeln zu nehmen. Aber da lässt sich was ändern. Gute Pro-Argumente gibt es, sie sind aber bisher vor allem Insider:innenwissen.

Anders kann ich es mir nicht erklären, dass auch Leute, die grundsätzlich queer-feministischen Ideen nicht abgeneigt sind, trotzdem oft so eine Gendern-Hemmung haben. So nach dem Motto: „Gleichberechtigung ist zwar echt schick und fancy – aber Gendern ist mir jetzt doch ein bisschen zu viel persönliche Aufopferung." Und wenn sie dann doch mal gendern, dann eher weil das Feminist:in heutzutage halt so macht. Da denke ich mir oft, dass deren Leben viel leichter wäre, wenn sie aus Überzeugung und Herzenslust gendern würden und nicht aus Pflichtgefühl.

Es gibt unendlich viele Blogs und Foren im Netz, die erklären, wie das mit der gendergerechten Sprache geht. Es gibt Bücher, die das erklären – und auch echt gut erklären. Der Duden hat gleich mehr davon und ein „Gendern für Dummies“ gibt es auch. Aber es gibt bisher zu wenig Literatur, die sich mit dem Grundproblem beschäftigt: der Gendern-Hemmung. Ich habe nicht vor, irgendwelche Erklärungen über das WIE abzugeben. Ich mag lieber einen Schritt zurückgehen und von dem WARUM erzählen. Inklusive dem Anspruch, uns allen ein wenig mehr Mut zuzusprechen, Unangenehmes und Veränderungen als Teil unseres Daseins zu akzeptieren.

Damit wir nicht in staubiger Theorie verschimmeln, wird der Kontext mit ins Boot geholt: die Gesellschaft. Urgh, denken manche von euch jetzt vielleicht, urgh, das platonische G-Wort. Diese Gesellschaft da. Inklusive dem System, das sie geschaffen hat. Klar, einmal hat Gendern viel mit der Gesellschaft von damals zu tun, die die Regeln unserer Sprache maßgeblich geprägt hat. Über die gibt es einiges auszupacken. Aber genauso wichtig in der Debatte über Sprache ist das, was aus ihr geworden ist. Wir. Und was wir alles so in die Welt gesetzt haben: Klimakrise, Kapitalismus, (Neo-)Kolonialismus. Das System eben.

5.000 Jahre

Das System namens „Patriarchat". Was genau ist das? Es wird oft mit „Männerherrschaft" übersetzt, aber das stimmt gar nicht, erklärt die Journalistin und Feministin Laurie Penny:

> *„Patriarchat' bedeutet nicht ‚Männerherrschaft'. Es bedeutet ‚Väterherrschaft' – die Herrschaft weniger mächtiger Haushaltsvorstände über den Rest de Gesellschaft"* [1]

Denn das lateinische Wort „Pater" in PATriarchat heißt „Vater" und nicht „Mann". Es gibt also auch Männer, die im Patriarchat unterdrückt werden. Meistens diejenigen mit weniger Geld, weniger gesellschaftlichem Status oder einfach weil sie zu jung sind, um zu herrschen oder einer Familie vorzustehen. Was allerdings alle Männer im Patriarchat gemein haben: Sie können immer nach unten treten. Denn unter allen Männern stehen alle Nicht-Männer. Die meisten davon sind Frauen.

Wie lange es das Patriarchat schon gibt, kann niemensch mit Sicherheit sagen. Aber es wird vermutet, dass es vor circa 5.000 Jahren mit der Sesshaftwerdung des Homo sapiens begann. Es ist also schon sehr lange da – aber keinesfalls schon immer. Wichtig festzuhalten ist, dass es sämtliche Systembildungen, politische und gesellschaftliche Entwicklungen der letzten Jahrtausende entscheidend beeinflusst hat. Und damit auch unsere Sprache.

Eines der patriarchalen Erben ist zum Beispiel, dass es als unverzeihliche Dummheit, ja fast als gewalttätigen Angriff auf das deutsche Kollektivbewusstsein gilt, Theoretiker wie Georg Wilhelm Friedrich Hegel und Immanuel Kant nicht als die strahlendsten Sterne am europäischen Wissenschaftshimmel zu betrachten. Ihre Rassentheorien legitimierten die europäischen Gräueltaten in den Kolonien, Sklavenhandel und andere Formen von kolonialer Ausbeutung, die unseren Kapitalismus zu dem gemacht haben, was er heute ist. Diese Männer und andere Rassisten der kolonialen Zeit haben unsere Sprache mitgeprägt.

Das ist unangenehm. Aber noch nicht alles. Im Laufe der Jahrhunderte rutschten die Rassentheorien von Georg Wilhelm Friedrich und Immanuel immer tiefer in dunkle, staubige Schubladenecken und werden heute – wenn sie überhaupt Erwähnung finden – wie eine dumme Jugendsünde behandelt: Mei, kann ja mal passieren. Sie waren eben Kinder ihrer Zeit. Es wird so getan, als wären Wissenschaftler wie sie das einzig Wahre, als gäbe es keine anderen Menschen ihrer Zeit, die sich mit philosophischen Theorien beschäftigt hätten. Aber Namen wie Helene von Druskowitz oder Anton Wilhelm Amo fielen weder im Deutschunterricht noch während meiner ganzen Studienlaufbahn. (Obwohl letzterer als Mann immerhin unter seinem eigenen Namen schreiben konnte und, anders als Helene, kein Pseudonym brauchte, um publizieren zu können.)

„Kant war Rassist."

Bis heute lagern jahrhundertealte Rückstände in den westeuropäischen Schubladen mit den Etiketten „Allgemeinwissen" und „Prestigewissen". Dabei wird gerne vergessen, dass dieses Wissen sehr selektiv ist, ausgewählt von einer bestimmten Personengruppe, die in den letzten 5.000 Jahren die politische, wissenschaftliche, gesellschaftliche und wirtschaftliche Macht innehatte: weiße Männer, überwiegend aus der Oberschicht. Da haben wir es wieder, das Patriarchat. Und wie wir später sehen werden, ist es genau diese Personengruppe, die die Regeln unserer Sprache maßgeblich mitbegründet hat.

Der unangezweifelte Fachmann

Und das tut sie noch immer. Regeln maßgeblich mitbegründen. Nicht nur in der Sprache. Tatsächlich sind die meisten politischen, wirtschaftlichen und gesellschaftlichen Regeln patriarchal begründet. Mensch muss nur Youtube gucken, um das zu verstehen. Ein sehr anschauliches Beispiel für unser patriarchales Erbe wäre, stellvertretend für andere Menschen dieser Position, ein Herr Rainer von der Wirtschaftsuni Wien, der 1,5 Stunden über gendergerechte Sprache referiert.[2] Herr Rainer ist Sprachwissenschaftler und in dieser Materie zu Hause. Er könnte fantastisch viel dazu beitragen, dass unsere Sprache und unsere Gesellschaft gerechter würden. Doch er zieht es vor, sich über die feministische Linguistik lustig zu machen.

Das ist fies, ja, aber tatsächlich nicht einmal das größte Problem an der Sache. Das viel größere Problem ist, dass er damit total ernst genommen wird. Ganz egal, ob eine solcher Mensch über Sexismus, die Möbiustransformation oder Gärtnern nach dem Mondkalender sprechen würde. Er gilt prinzipiell und unangezweifelt als Fachmann für [Thema hier einfügen]. Und das hat drei Gründe: Weil er ein Mann ist. Weil er weiß ist. Weil er Akademiker und sogar Dozent an einer westeuropäischen Uni ist. Es liegt also nicht an ihm persönlich. Seine weißen Kollegen haben dasselbe Glück. Das Glück, in eine Gesellschaft geboren zu sein, in der die Eigenschaften männlich, akademisch und weiß in Kombination als Garant für Allwissenheit gelten. Es ist dasselbe Muster, in das Kant und Hegel fallen, Amo und Druskowitz aber nicht.

Dass der Herr Rainer keinem strukturellen Sexismus ausgesetzt ist, dafür kann er nichts. Und das ist ja auch schön (für ihn).

Trotzdem gibt es folgendes Problem: Der Umgang mit Diskriminierungsformen wird auf entscheidenden Ebenen immer noch von denen bestimmt, die diese Diskriminierungsformen nicht selbst erleben. Was kann denn bitte dabei rauskommen? Genau: weißvorherrschender, patriarchaler Oberschichten-Mist.

Das Klassending

Herr Rainers Vortrag bringt mich zu einem weiteren Punkt, was mich an der Gendern-Debatte absolut stört. Ihr fehlt eine Dynamik, die das Thema aus einer elitär-akademischen Blase herauspustet. Die Löcher in die Blase popelt und die Leute in der Blase mit den Leuten außerhalb bekannt macht. Darf ich vorstellen: der große Rest der Welt. Patriarchale Hierarchien bestehen nicht nur zwischen den Geschlechtern. Sondern auch zwischen den Klassen beziehungsweise den sozialen Schichten. Und etwas, das vielleicht noch mehr als Armut einen Aufstieg in der sozialen Hierarchie verhindert, ist Bildung. Und das ist ein Problem.

Es ist offensichtlich, dass Menschen, die mit wissenschaftlichen Forschungsergebnissen argumentieren, sei es durch das Zitieren bekannter oder unbekannter Wissenschaftler:innen, oder weil sie sich selbst als Wissenschaftler:in bezeichnen, es oft leichter haben, dass ihnen geglaubt wird. Die, die das nicht können, haben es oft schwerer, ihre Meinung so zu vermitteln, dass sie ernst genommen werden oder sogar eine gesamtgesellschaftliche Relevanz zugeschrieben bekommen. Das ist nicht nur problematisch, weil gesamtgesellschaftliche Debatten danach gewichtet werden, wer sie für wichtig hält, sondern auch weil Debatten dadurch selten so geführt werden, dass sie alle verstehen.

Aber gendergerechte Sprache soll jeder Mensch kapieren können, ganz egal, ob er einer akademischen Schicht angehört, einen Hochschulabschluss oder überhaupt einen Schulabschluss hat. Jede Person ist von Sprachveränderung betroffen. Daher sollten auch alle etwas darüber lesen können. Unabhängig davon, ob wir gelernt haben, mit akademischem Blub umzugehen oder nicht. Unabhängig davon, ob wir gewohnt sind, Marvel zu lesen oder Marx.

Ich habe auch studiert, ja. Aber nur das Nötigste. Meine Beziehung zur Wissenschaft ist eher eine formelle, weniger eine heiß-innige Liebschaft. Die Wissenschaft kam nur zufällig in mein Leben. Ich bin quasi drüber gestolpert wie über einen leeren Maßkrug an einem Münchener S-Bahn-Steig: unangenehm, aber lehrreich (einen blauen Fleck später weiß ich jetzt, dass es während der Wiesn ratsam ist, die Hackerbrücke zu meiden).

Ich bin in einer klassischen Arbeiter:innen-Familie aufgewachsen. Mein Papa ist Industriemechaniker und hat sein Leben lang „beim Bosch“ gearbeitet und meine Mama war zuletzt Hauswirtschafterin in einem Gästehaus, aber ist eigentlich gelernte Lithografin (Anmerkung: Die Lithografie ist eine alte Drucktechnik. Wenn du das nicht wusstest, liegt das wahrscheinlich daran, dass es diesen wunderschönen alten Handwerksberuf nicht mehr gibt. (Ja, der Digitaldruck ist auch toll und praktisch und alles, aber ein kleines bisschen Sentimentalität halte ich hier durchaus für angemessen.)) Meine Schwester war die Intellektuelle von uns beiden Kindern und hat sich ihr Studium hart erkämpft. Da sie älter ist als ich und ich nicht wusste, was ich nach meinem Realschulabschluss mit meinem Leben anfangen sollte (ich war 15, hallo! Wer weiß das da schon!?), habe ich mein Abi nachgeholt und das mit dem Studieren auch mal probiert.

Letzten Endes hat es fast fünf Jahre wirres, von vielen Pausen geprägtes Herumstudieren gebraucht, bis ich schließlich zu den Sprachwissenschaften fand, und dann noch mal fünf, um meinen Bachelor zu machen. Und nach meinem Abschluss hat mich dann mein an der Uni erworbenes Wissen über die Ungerechtigkeit unseres Sprachsystems wie ein permanentes Hämmern in meinem Kopf überallhin mit begleitet. Dum. Dum. Doofes generisches Maskulinum. Dum. Dum. Extrem nervig. Zusätzlich gepusht von den alarmierenden Amazon-Suchergebnissen, gab ich dem Nerven schließlich nach und haute diesen unerhörten Text in die Tasten meines Laptops. Als Linguistin, Feministin, aber vor allem als Mensch.

Nicht witzig

In einer Zeit, in der eine weiblich gelesene Person als „Emanze“ oder „Feminazi“ beschimpft wird, wenn sie anfängt, das generische Maskulinum zu hinterfragen, macht das Tastenhauen nicht immer nur Freude. Und das nicht, weil Feminist:innen keinen Humor hätten. Das ist im Übrigen eine infame Unterstellung. Dazu fällt mir ein Witz ein, kennt ihr den? (Achtung, der Witz ist nicht gegendert, ich hoffe, ihr versteht ihn trotzdem):

„Wie viele Feministinnen braucht man, um eine Glühbirne zu wechseln?

.

.

.

Eine. Und das ist nicht witzig.“

Hast du gelacht? Ja, Mist, ich auch.

Aber in der Regel haben Feminist:innen nicht viel zu lachen. Sie haben es sich zur Aufgabe gemacht, sich mit sehr unlustigen Dingen wie sozialer Gerechtigkeit zu beschäftigen. Tja, blöd. Selber schuld. Das kann ja gar nicht Spaß machen, in diesem Patriarchat.

Wem der Humor aber wirklich bis über die Haarschuppen abgeht, sind diese engstirnigen Grattler:innen, die Leuten wie mir fehlende Objektivität vorwerfen und gendersensible Sprache als „ideologisch“ abtun. Eine super Strategie, um sich über ihre Abwertung hinaus nicht weiter mit ihr beschäftigen zu müssen.

Wenn ich solchen Menschen begegne, kriege ich nicht nur schlechte Laune, sondern werde auch ein wenig ratlos. Ich frage mich dann, was diese Leute wohl für ein Ideologie-Verständnis haben. Schließlich ist politisches Handeln ohne ideologische Ansprüche quasi nicht möglich.

> *„Ideologien sind wesentlicher Teil politischer Orientierung; sie sind sowohl Notwendigkeit als auch Begrenzung politischen Handelns.“*

Die Bundeszentrale für Politische Bildung benennt die Ideologie als „wesentlichen Teil politischer Orientierung“. Sie sei sowohl „Notwendigkeit als auch Begrenzung politischen Handelns“[3]. Das bedeutet, dass auch die Aussagen dieser engstirnigen Grattler:innen ideologisch sind. Und die von Herrn Rainer. Geht gar nicht anders.

Um das unmissverständlich klarzustellen: Neutrale, unvoreingenommene und rein objektive Informationen zum Thema Gendern gibt es nicht. Nicht in diesem Buch und auch nirgends sonst. Keine Aussage ist rein objektiv, keine Entscheidung ist rein objektiv, nicht einmal wissenschaftliches Arbeiten ist rein objektiv.[4] Denn wir bringen alle unsere körperlichen, psychischen, sozialen und viele weitere Erfahrungen in die Betrachtung der Welt mit ein.

Darum ist auch dieses Buch klar geprägt von meinem patriarchalen, nach Hegel und Kant selektierten Allgemeinwissen und von meinen individuellen Erfahrungen als deutsche, weiße, cis weibliche, akademische und-noch-viel-mehr Person. Für niemenschen von uns sieht die Welt gleich aus. Das ist so wunderbar wie verstörend. Und manchmal schlicht unpraktisch, weil dann eben so etwas dabei herauskommt, dass manche Menschen plötzlich in der eigenen Sprache sichtbar und hörbar gemacht werden wollen. Ziemlich ärgerlich.

Sechs Argumente

Wir drehen das Ganze jetzt mal um. Wir gucken uns in den folgenden Kapiteln an, wie stichhaltig die Argumente gegen das Gendern eigentlich sind und ob sie einer wissenschaftlichen

Prüfung standhalten. Dazu habe ich sechs gängige Stammtischargumente aus Social-Media-Kommentaren, Anti-Gendern-Literatur und meinen Alltagserfahrungen zusammengesammelt. Ihr kennt sie wahrscheinlich alle. Wir kommen in der deutschsprachigen Gendern-Debatte nicht um sie herum. Darum wird es Zeit, sie aufzurütteln, sie gründlich zu sezieren und zu gucken, wie viel Wahrheit und Logik in ihnen steckt.

Was hat es mit diesem generischen Maskulinum auf sich und wie „natürlich" ist es tatsächlich? Wie funktioniert Sprache und Denken eigentlich und können wir unser Gehirn auf Sprachveränderung trainieren? Wie lässt sich gendersensible Sprache überhaupt in die großen Krisen unserer Zeit einordnen und vor allem: Welchen Beitrag kann sie für deren Bewältigung leisten? Ihr wollt's wissen? Dann lasst uns loslegen.

1.

„Gendern ist ein Eingriff in die natürliche Sprachentwicklung."

Eines der gängigsten Argumente gegen das Gendern ist: Die schöne deutsche Sprache werde verunstaltet. Verhunzt. Mehrere Tausend Jahre natürlicher Sprachentwicklung würden über den Haufen geworfen. Das generische Maskulinum sei das Ergebnis dessen und Gendern sei ein dreister Eingriff in diese natürliche Entwicklung, der alles kaputt mache.

Alles Blödsinn. Ich sag euch, warum. Dazu ist es sinnvoll, zu klären, was dieses generische Maskulinum überhaupt ist. Der Duden übersetzt „generisches Maskulinum" als die „geschlechtsübergreifende Verwendung der maskulinen Form"[5]. Und was soll das bitte bedeuten?

TEIL 1: Die Entstehung des generischen Maskulinums

It's magic!

Zum ersten Mal wurde ich im Französischunterricht mit dem generischen Maskulinum konfrontiert. Dieser kam bei mir erst auf der Fachhochschule, also zu einer Zeit, in der es in meinem halbwüchsigen Hirn vor Weltverbesserungsideen nur so wimmelte. Ich starrte auf die Projektion einer Arbeitsfolie, die mit einem vor Staub röhrenden Tageslichtprojektor an die Wand über der Tafel geworfen wurde. Unsere Lehrerin hatte darauf kindergartenleichte Sätze handschriftlich notiert, die eine Geschichte von den zwei Freundinnen Amélie und Gabrielle erzählten, die durch Paris spazierten. Bald darauf trafen die beiden zufällig ihren Klassenkameraden Pierre und unterhielten sich mit ihm über geistreiche Dinge wie: „Hallo, wie geht es dir? Meine Lieblingsfarbe ist blau. Am liebsten fahre ich Fahrrad und bade im Meer. Hast du eine Schwester oder einen Bruder?“ (deren Lieblingsfarben wurden dann auch noch diskutiert). Das Bemerkenswerte an der Geschichte war nicht, dass alle drei und alle Geschwister fast dieselben Hobbys zu haben schienen, sondern dass der schlecht leserliche Text auf der Klassenzimmerwand zu Beginn von „les amies“ (die Freundinnen) sprach. Sobald aber die beiden Mädchen auf Pierre trafen, war von „les amis“ (die Freunde) die Rede. Dieser saucoole Typ Pierre hatte es also geschafft, so mir nichts dir nichts, aus einer Gruppe von Freundinnen eine Gruppe Freunde zu machen. Und zwar ratzfatz. War es Magie, die Gabrielle und Amélie vorübergehend in Jungs verwandelt hat? Möglicherweise, doch das wäre so bemerkenswert gewesen, dass die Geschichte dies sicherlich zumindest kurz am Rande erwähnt hätte. Wir können vielmehr Folgendes annehmen: Pierre ist kein Magier sondern ein ganz normaler französischer Typ, der durch seine bloße Anwesenheit eine Gruppe französischer Frauen grammatikalisch in eine Gruppe französischer Männer verwandelt hat. Tadaaa! Damals, in diesem schummrigen Klassenzimmer sitzend und die fleckige

Wand anstarrend, hat mich das sehr empört. „Waaaaas!?" hab ich damals gedacht (und vielleicht auch gesagt). „Waaaas!? – die sind ja voll sexistisch, Franzosen!" Erst später wurde mir bewusst, dass es auch im Deutschen und vielen anderen Sprachen genauso ist. Das generische Maskulinum ist also nicht nur irgendeine verrückte Spracheigenheit des Deutschen, die wir als Zufall abtun können. Es hat Konzept. Es ist ein modriges Relikt einer patriarchalen Gesellschaft, das sich über mehrere Jahrhunderte in vielen Sprachen eingenistet hat.

Im generischen Maskulinum wird immer die maskuline – also die grammatikalisch männliche Form – für Personenbezeichnungen verwendet, sowohl für den Singular (die Einzahl) als auch für den Plural (die Mehrzahl). Konkret bedeutet das, dass es grammatikalisch korrekt ist, wenn ich sage „die Arbeiter streiken heute" und damit eine geschlechtlich gemischte Gruppe meine. Wenn ich sage „die Arbeiterinnen streiken heute" darf dies grammatikalisch nur eine Gruppe von ausschließlich weiblichen Arbeiter:innen bezeichnen. Wenn auch nur ein Typ dabei ist, ist es grammatikalisch falsch, die weibliche Form zu verwenden.

Selbstversuch: Gebt mal eine berühmte weibliche Persönlichkeit bei Wikipedia ein, dann könnt ihr sehen, wie das generische Maskulinum funktioniert. Ich habe es am Beispiel von Frida Kahlo versucht. Wenn ich ihren Namen im Suchfeld eingebe, werden am unteren Ende ihres Lexikoneintrags unter „Kategorien" folgende

Zuordnungen aufgezählt: „Maler (Mexiko), Fotokünstler, Person der Arbeiterbewegung (Mexiko), Namensgeber für einen Venuskrater, Künstler (Mexiko-Stadt), Mexikaner". Gäbe es den letzten Zusatz „Frau" nicht, würde kein Mensch auf die Idee kommen, dass Frida Kahlo eine Frau gewesen war.

Wie tief das Patriarchat in unserem Sprachsystem verankert ist, sehen wir auch an den femininen Wortformen. Die sind nämlich auch nicht lupenrein geschlechtergerecht. Das Anhängsel „-in" (das sogenannte Movierungssuffix), das ein maskulines Wort zu einem femininen macht, ist eben genau nur das: ein Anhängsel. Es wird an die maskuline Form angehängt, ohne diese in ihrer Grundform zu verändern. So wird der Arbeiter zur Arbeiterin, der Ingenieur zur Ingenieurin, der Herr zur Herrin und sogar der Amtmann zur Amtmännin. Vor allem letzteres ist echt bescheuert. Umgekehrt gibt es meines Wissens nur ein Wort, in dem es in die andere Richtung funktioniert: Witwe. Die Witwe wird zum Witwer. Ein schwacher Trost, wenn wir bedenken, dass Frauen früher nach ihrem Heiratsmarktwert bezeichnet wurden.

Worauf ich hinauswill: Durch die Ableitung einer femininen Form aus der maskulinen wird das Maskulinum als Grundform verwendet und somit zur Norm erhoben.[6] Wörter mit einer femininen Grundform, aus der eine maskuline abgeleitet wird, haben wir fast keine, außer dem Witwer als Trostpreis. Unsere sprachliche Norm ist also männlich.

Das wäre vielleicht sogar noch tragbar, wenn das alles wäre. Aber die männliche Norm zieht sich durch sehr viele Bereiche unseres Lebens. Seien es Buddies im Autocrashtest, die sich in Größe, Statur und Gewicht am männlichen Körper orientieren. Die Folgen in der Realität sind mehr weiblich als männlich kategorisierte Schwerverletzte und Todesopfer in Verkehrsunfällen. Oder sei es, dass der männliche Körper in der Medizin als Maßstab gilt und darum Frauen häufiger an Herzkrankheiten sterben, weil die sich bei weiblichen und männlichen Körpern unterschiedlich bemerkbar machen und daher bei Frauen erst zu spät oder gar nicht erkannt werden. Ganz zu schweigen von den vielen gynäkologischen Beschwerden und Krankheiten wie Endometriose oder die Prämenstruelle dysphorische Störung (PMDS), die viel zu unzulänglich erforscht werden, weil sie cis Männer nicht betreffen.[7]

Wir müssen also nur auf die gesellschaftliche Geschlechterungleichheit der vergangenen Jahrhunderte schauen, um zu begreifen, dass Sprache und Gesellschaft hier in einem wechselseitigen Verhältnis stehen und sich gegenseitig bedingen. Um das zu verdeutlichen, machen wir einen kleinen Exkurs in die Vergangenheit und schauen uns an, woher die Wörter „Frau" und „Mann" überhaupt kommen.

Weiblicher, verheirateter Menschen höheren Ranges

Das Patriarchat zeigt sich schön in der jüngsten sprachlichen Entwicklung des Begriffs „Frau". Im Deutschen gibt es nämlich keinen neutralen Begriff für Menschen, die wir heute „Frauen" nennen. Die Bezeichnung einer weiblichen Person war im Patriarchat immer von ihrem gesellschaftlichen Status oder ihren sexuellen Erfahrungen abhängig. Das Wort, das sich zuletzt durchgesetzt hat, stammt von dem althochdeutschen Begriff „frouwe" ab, womit weibliche, verheiratete Menschen höheren Ranges bezeichnet wurden. Auch geläufig waren „Weib", „Dirndl", „Witwe", „Magd" und andere. Die Bezeichnungen variierten teilweise je nach sprachlicher Region. So war im bayerischen Sprachgebiet (das etwa das heutige Bayern und Oberösterreich umfasst) eher „Dirndl" bzw. „Diandl" gebräuchlich, während in mitteldeutschen Regionen eher von „Magd" die Rede war. Beide bezeichnen unverheiratete Frauen niederen Ranges. Ein „Weib" hingegen war die gängige Bezeichnung für eine verheiratete Frau niederen Ranges.[8] „Weib" finden wir heute noch in „weiblich". „Witwe" war (wie noch heute) die Bezeichnung einer Ehefrau, deren Ehemann verstorben war. So war mit der Bezeichnung einer weiblichen Person immer sofort klar, ob sie sich noch auf dem Heiratsmarkt befand und wenn ja, für wen sie als geeignet befunden wurde – einen Adligen oder einen Bauern.

Und das ist nur die soziale Einordnung. Im dtv-Atlas der Deutschen Sprache (eines meiner Lieblingsbücher übrigens, und das ist nicht sarkastisch gemeint) finden wir auch die Kategorisierung von weiblichen Bezeichnungen in „juristisch", „funktionell" und „moralisch". Im frühen Mittelalter klärte die juristische Bezeichnung für Frauen, ob die betreffende Person ordentlich verheiratet war („quena", später „wip") oder die Stellung einer Geliebten innehatte („kebisa"). Die funktionelle Kategorie klärte, ob die betreffende Person eine Dienerin war (erst „dierne", später „Magd") und die moralische Kategorie teilte die Frauen in Prostituierte („houre", später „kebse", noch später „Dirne" und „Hure") oder Nichtprostituierte. Wir sehen, es wurde einem Menschen mit Penis sehr leicht gemacht, herauszufinden, mit welcher Person mit Vulva er schlafen konnte, ohne dass es für ihn einen gesellschaftlichen Absturz bedeutete. Prima, alles Wichtige geklärt.

„Mann" hingegen ist ein sehr altes Wort, das sich seit althochdeutscher Zeit nicht verändert hat. Es stammt höchstwahrscheinlich von der vorgermanischen Wortwurzel „man" bzw. „manas", was so viel wie „denken" bedeutet. Auch unser Wort „Mensch" stammt von dieser Wurzel ab. Im Englischen sehen wir diese Verknüpfung noch deutlicher. Dort wird „man", also das englische Wort für „Mann", bis heute auch im Sinne von „Mensch" verwendet. Es kann also mit beidem übersetzt werden.

Soweit wir unsere heutige Sprache – das Deutsche – sprachhistorisch zurückverfolgen können, wurde der Mann als die Norm eines Menschen verstanden. Das sehen wir daran, dass die Begriffe „Mann" und „Mensch" miteinander verwandt sind, also auf denselben Wortursprung zurückzuführen sind. Zu indoeuropäischer Zeit – das ist mindestens 3500 vor Christus, wahrscheinlich noch früher – gab es aber vermutlich einen Begriff, der äquivalent zu unserem heutigen „Frau" verwendet wurde: „quwen". Dieser Begriff findet sich im heutigen „queen" wieder, dem englischen Wort für „Königin".

Die sogenannte Neolithische Revolution, also die Sesshaftwerdung der Menschen vor circa 10.000 Jahren, gilt als Startschuss für das Aufkommen patriarchaler Strukturen. Der Anthropologe Tamás Dávid-Barrett findet dafür sehr passende Worte:

„Wenn man so will, war die neolithische Revolution ein Unfall"[9]

Dieser „Unfall“ hat dann dazu beigetragen, dass Frauen nur noch entsprechend ihres Marktwerts bezeichnet wurden und nicht als eigenständiges menschliches Wesen. Dass sich „Frau“ durchgesetzt hat und nicht „Magd“, ist dabei nur ein schwacher Trost – vor allem weil „Magd“ bis heute in einem grundlegenden Wort gängig ist: im Mädchen. „Mädchen“ ist nichts anderes als die Verniedlichung von „Magd“. Wohingegen „Junge“ einfach nur „junger Mensch“ bedeutet. Das Äquivalent zu „Mädchen“ für einen Jungen wäre „Männchen“. Stellt euch mal vor, wir würden alle Jungen „Männchen“ nennen. Lustige Vorstellung.

Aber was ist schon dabei, wenn wir „Mädchen“ sagen, fragen sich jetzt vielleicht manche von euch. Klingt doch nett. Ja, genau, es klingt nett. Und klein und niedlich und irgendwie süß. Wir benutzen Verniedlichungen vor allem dazu, eine kleine Version vom Original zu benennen. (Außer wir sprechen Schwäbisch oder Schweizerdeutsch, dann sind Verniedlichungen unser daily business.) Ein „Häuschen“ ist ein „kleines Haus“. Ein „Wägelchen“ kann so etwas wie ein Kinderwagen sein oder ein Bollerwagen oder so, wohingegen ein „Wagen“ ein dicker BMW sein kann. Klar sind Babys niedlich. Und Kinder sind nun mal klein und machen süße Sachen. Sie malen bunte, hässliche Bilder, auf denen kein Mensch etwas erkennt, und sagen dann total stolz: „Das bist du“, und alle lachen. Weil's süß ist. Aber auch Baby-Jungs sind niedlich und trotzdem kriegt nur die weibliche Variante der „kleinen

Menschen" (bis heute!) eine Verniedlichung in ihrer Bezeichnung, eine Klein-Machung, ein Etikett von „kleine unverheiratete Frau niederen Ranges". Bäm. Das nenne ich unverschämt.

Wo ist TINA*?

Zurück zum generischen Maskulinum. Es kann nämlich noch mehr, als nur Frauen abzuwerten. Am einfachsten ist das generische Maskulinum zwar am Femininum vs. Maskulinum erklärt, aber es wischt nicht nur Frauen aus der deutschen Sprache, sondern auch alle anderen Personen, die nicht dem Maskulinum zuordenbar sind.

Die feministische Linguistik hat schon viele Vorschläge gebracht, um Frauen in der Sprache sichtbar zu machen. Sei es das „Binnen-I" oder das generische Femininum. Letzteres bekommt von mir immerhin noch einen Radikalitätspunkt. Aber als Problemlösung fällt es glatt durch. Mit diesen Ideen polarisiert die feministische Linguistik und lässt Trans*, Inter*, Nicht binäre und Ageschlechtliche Menschen (kurz TINA*) unter den Tisch fallen.

Viele der binären Konzepte sind zum Glück eher veraltet. Trotzdem wird meiner Meinung nach noch zu oft davon geredet, dass Frauen in unserem generisch maskulinen System sichtbar gemacht werden sollen. Das ist ein Problem. Denn das generische Maskulinum diskriminiert nicht nur Frauen sondern auch TINA*s. Wenn auch auf andere Weise.

Tatsächlich geht die sprachliche Diskriminierung von TINA*s noch einen Schritt weiter. Frauen werden durch das generische Maskulinum den Männern untergeordnet (indem das Maskulinum als dominantes Genus in unserer Sprache etabliert wird und die maskuline Wortform zur Grundform erklärt wird). TINA*s hingegen kommen in unserem Sprachsystem überhaupt nicht vor. Es gibt sie einfach nicht. Als würden sie nicht existieren. Als würden sie nicht leben und atmen und versuchen, ihren Alltag zu meistern – meist unerkannt. Warum unerkannt? Weil unsere Sprache sie nicht kennt.

Hier zeigt sich sehr deutlich die Wechselwirkung zwischen Sprache und gesellschaftlicher Realität. Sprache spiegelt die Gesellschaft und konstituiert sie gleichermaßen. Weil TINA* in unserem Sprachsystem fehlen, werden wir nicht ausreichend mit der Realität konfrontiert, dass es sie halt trotzdem gibt, und zwar in viel größerer Zahl, als wir glauben. Nach Angaben der Vereinten Nationen wird weltweit eine von 60 Personen mit Variationen der Geschlechtsmerkmale geboren – ist also intergeschlechtlich.[10] Dazu kommen noch die Menschen, bei denen die Intergeschlechtlichkeit erst in der Pubertät erkannt wird, und die anderen Geschlechtsidentitäten jenseits der Binarität, wie manche Transgender-Personen, Non-Binaries und Agender-Personen.

Aber wir nehmen diese Menschen nicht wahr. Wir sehen keine Menschen, die weder männlich noch weiblich sind, bzw.

können sie nicht sehen, weil sie nicht in unser gewohntes Konzept von Mensch passen, das wir von klein auf gelernt haben. Wir sehen sie nicht, weil wir keine sprachliche Schublade für sie haben, in die wir sie reinstecken können. Die Abwertung von Frauen in unserer Sprache ist eine Sauerei. Aber das komplette Ausblenden und Negieren von TINA*s in unserer Sprache erreicht eine neue Dimension der Ungerechtigkeit.

„Soll ich jetzt DIE BÄUMIN sagen, oder was!?"

Der Versuch, geschlechtersensibel zu sprechen, ist also vor allem der Versuch, das generische Maskulinum abzuschütteln. Darum sind Artikel (also der/die/das) nicht grundsätzlich anzuzweifeln, auch wenn das gerne als Vorwurf genutzt wird. „Soll ich jetzt „die Bäumin" sagen, oder was!?" Nee, du musst nicht „die Bäumin" sagen. In der queer-feministischen Linguistik geht es nicht um die Frage, wieso welches Wort dieses oder jenes weibliche, männliche oder sächliche Genus hat. Über diese Frage zerbrechen sich by the way schon seit Jahrhunderten verschiedene Wissenschaftler:innen den Kopf, und sie konnten sie bis heute nicht vollständig klären. Warum es „der Baum", „der Ahorn", aber „die Buche" und „die Weide" heißt, kann kein Mensch mit Gewissheit sagen, und es ist auch total wurscht. Denn den Baum juckt es nicht, welchen Artikel wir ihm geben. Personen – vor allem Personen, die täglich mit Alltagssexismus klarkommen müssen – juckt es aber sehr wohl.

Darum sei hier nochmals ausgesprochen, was meiner Meinung nach eigentlich für jede Person klar und logisch sein sollte: Geschlechtersensible Sprache bezieht sich auf die Bezeichnung von PERSONEN. Sie zielt nicht darauf ab, die grundlegende Logik der deutschen Artikel infrage zu stellen (das dürfen gerne andere tun).

Diese Differenzierung hat übrigens auch einen Fachbegriff. Genauer gesagt, sogar zwei: Genus und Sexus. Genus bezeichnet das grammatikalische Geschlecht und Sexus das persönliche/individuelle Geschlecht (von Sex = engl. biologisches Geschlecht). Darum ist es schlichtweg nicht korrekt, von „den Arbeitern" zu sprechen, wenn es eine gender-gemischte Gruppe ist. Weil hier nicht das Genus zu tragen kommt, sondern der Sexus – einfach deshalb, weil es um Menschen geht und Menschen immer (leider wirklich immer) in irgendeine Vorstellung von Geschlecht eingeordnet werden (und sich deshalb auch selbst einordnen müssen). Der Baum, die Schranke, das Vergehen, das Vergessen und die Luftküsse haben keinen Sexus, also kein biologisches oder gesellschaftliches Geschlecht. Sie haben nur ein Genus. Darum können wir sie nennen, wie wir wollen, denn kein lebendes Wesen wird dabei diskriminiert.

Noch eine Sache für die Nerds unter euch, die sich in noch ein bisschen mehr Grammatikgedöns reinfuchsen wollen: Manche behaupten ja, dass das Pluralpronomen „die" ein Ausgleich für das generische Maskulinum sei (kein Witz). Das ist selbstverständlich nicht der Fall. Ich erkläre euch, was ich meine: Es heißt ja DER

Luftkuss aber im Plural wird daraus DIE Luftküsse. Genauso ist es DER Arbeiter im Singular und DIE Arbeiter im Plural. Heißt das jetzt, dass jeder Plural ein Femininum ist? Nein, heißt es nicht. Das Genus verändert sich nicht, wenn sich die Anzahl ändert. Der Plural-Artikel „die" hat tatsächlich nichts mit dem Singular-Artikel „die" zu tun. Sie klingen nur aufgrund von Sprachwandelprozessen zufällig gleich. Ähnlich wie „malen" (im Sinne von „ein Bild malen") und „mahlen" (im Sinne von „Mehl mahlen") zwei völlig verschiedene Dinge bedeuten, obwohl sie gleich klingen.

Aber was noch wichtiger ist, warum der Plural-Artikel „die" kein Ausgleich für das generische Maskulinum sein kann: Unser Gehirn kategorisiert es nicht feminin. Oder denkst du etwa an einen Haufen Frauen, Inter* und Non-Binaries, wenn du „die Arbeiter" hörst? Eben. Ich auch nicht.

TEIL 2: Die Entstehung des Neuhochdeutschen

Wir wissen nun, was es mit dem generischen Maskulinum auf sich hat und wie es funktioniert. Um zu widerlegen, dass das generische Maskulinum ein Produkt natürlicher Sprachentwicklung sei, müssen wir uns anschauen, wie das mit der Sprachentwicklung eigentlich so funktioniert. Der Linguist

Alexander Lasch erklärt das so: „Sprachwandel vollzieht sich in jedem Individuum selbst.“[11]

Also in dir, in mir, in euch, in uns. Wir alle haben größeren Einfluss auf unsere Sprache, als wir vielleicht ahnen.

Komm mir nicht mit Grammatik!

Jede Person, die sich ein bisschen mit Sprachentwicklung beschäftigt, weiß: Sprache verändert sich ständig. Permanent. Sie ist immer im Flow. Jede Generation und jede soziokulturelle Gruppe beeinflusst die Sprache. Jede hat ihren eigenen Slang. So wurden „dufte“ und „knorke“ zu „Hammer“, „nice“ oder (aus meiner persönlichen Bubble) „gediegen“ (was besonders interessant ist, weil es im Laufe der Jahre sogar seine Bedeutung geändert hat). Es sind aber nicht nur Begriffe, die sich wandeln, sondern die Veränderung passiert auch in der Grammatik. Zum Beispiel werden Wörter, die einen Satz unnötig verlängern und kompliziert machen, gelöscht. Ein Beispiel aus meiner Realschulzeit in Stuttgart-Feuerbach: Der Satz „Treffen wir uns heute am Wilhelm-Geiger-Platz?“ wurde als „Geh’ ma Geiger?“ ausgedrückt. Knackig und kompakt.

„Aber das ist ja gar nicht richtig“, werdet ihr jetzt vielleicht sagen. „Das ist doch Umgangssprache, das zählt nicht.“

Ist das so? Wer bestimmt denn, was grammatikalisch richtig ist und was nicht? Eure Deutschlehrerin? Der Duden? Eure große Schwester, die alles besser weiß? Es ist etwas komplizierter.

Wenn es um Sprachentwicklung geht, ist für Sprachwissenschaftler:innen das gesprochene Wort genauso relevant wie das, was in einer Grammatik steht. Die Grammatik. Das ist das, woran sich heute jede Person aufhängt, wenn es um richtig oder falsch in der Sprache geht. Sie ist keineswegs schlecht. Sie kann äußerst nützlich sein. Wir brauchen sie, um Fremdsprachen zu erlernen, und dafür, dass sich möglichst viele Menschen miteinander verständigen können – in unserem Fall, alle Menschen, die im deutschsprachigen Raum leben. Vor allem aber ist eine Grammatik für die Klugscheißer:innen unter uns praktisch, denn sie dient als Beleg für „das heißt *die* Butter und nicht *der* Butter" oder „es heißt ‚Ahmads Smartphone' und nicht ‚Ahmad sein Smartphone'".

Arg viel mehr ist so eine Grammatik allerdings nicht. Sie ist weder in Stein gemeißelt noch ein Abbild der gesprochenen Sprache. Grammatik und gesprochene Sprache, das sind zwei verschiedene Dinge. Ein Dozent von mir hat sogar einmal gesagt, dass die einzige Person, die tatsächlich Standarddeutsch spricht, der:die Nachrichtensprecher:in der ARD sei. Sonst niemensch. Für die Sprachwissenschaft, die sich mit Sprachentwicklung beschäftigt, sind die Grammatiken verschiedener Sprachen wichtige Anhaltspunkte, da sie Zeugnisse sind. Also weil da was *steht.* Das gesprochene Wort steht ja nirgendwo und ist darum schwerer zu rekonstruieren (obwohl es auch dafür Möglichkeiten gibt, die aber komplizierter sind).

Für uns ist relevant, dass eine Grammatik vor allem zwei Dinge tut: Sie beschreibt (die Sprache), ist *deskriptiv*. Das ist schön und gut. Aber sie ist auch *präskriptiv*. Das bedeutet, sie legt Regeln und Normen fest.

Eine Grammatik ist der Versuch, die Regeln und das Vokabular einer Sprache auf Papier festzuhalten, also sie zu dokumentieren. Heutzutage macht die Duden-Redaktion nichts anderes (bzw. ihre Computer), als Millionen von Texten auf neue Wörter zu durchsuchen. Wörter, die über einen längeren Zeitraum häufig verwendet werden, werden in das Lexikon mit aufgenommen. Andere, die kaum noch Verwendung finden, werden gestrichen. Die Duden-Redaktion bemüht sich also einen Istzustand zu beschreiben. Sie ist also *deskriptiv*. Doch so einfach war das früher nicht.

Deutsche Sprache? Männersprache.

Als die erste deutsche Grammatik geschrieben wurde, gab es extrem viele Dialekte und Soziolekte von jener Sprache, die wir heute „Deutsch" nennen. Fast jede Region, jede soziale und kulturelle Schicht hatte ihre eigene Sprache. Diese Sprachen hatten einige Gemeinsamkeiten, aber auch sehr viele Unterschiede. Damals gab es beispielsweise noch keine klare Unterscheidung zwischen Niederländisch und Deutsch. Beides hat inzwischen seine eigene Grammatik. Wenn wir Niederländisch lesen, können wir vieles nachvollziehen und kapieren eventuell ungefähr, was gemeint ist, aber aktiv einen Satz aus dem Nichts auf Niederländisch zu formulieren – puh, dafür brauchen wir erst einen VHS-Kurs. Genauso wenig versteht eine Person aus Süddeutschland Platt und eine Person aus Norddeutschland Bayerisch oder Schwäbisch. All das sind verschiedene Sprachen. Auch meine Mutter guckte unverständlich, als ich ihr sagte: „Ich geh' Geiger mit Jessi." Daher ist DIE Frage, die wir uns stellen müssen, wenn wir über die „Richtigkeit" von Grammatiken sprechen: WER hat die deutsche Grammatik geschrieben?

Die Magd von einem hessischen Lehenshof? – Nein.

Die Witwe eines verstorbenen Dorfschmieds von der Schwäbischen Alb? – Noi, au et.

Die junge jüdische Frau, die ihr halbes Leben lang durch den heutigen deutschen Sprachraum getrieben wurde? – Neyn.

Surprise: Es waren Typen! Akademische, weiße, christliche Typen. Die ersten Schreibzentren gab es in Klöstern. Später weiteten sie sich auf Städte und Adelszentren aus. Frauen haben zu dieser Zeit selten schreiben gelernt, also waren es logischerweise Männer, die unsere schriftliche Sprache maßgeblich beeinflusst haben. Angefangen mit Martin Luther (geb. 1483) und Martin Opitz (geb. 1597), über die Luther-Fans Johann Gottsched (geb. 1700) und Johann Adelung (geb. 1732), ging es weiter mit den Gebrüdern Grimm (ja, die gab's wirklich) (geb. 1785/86) und mit Schiller, Goethe und den beiden Humboldts (auch alle 18. Jhdt.), bis das

„Hochdeutsch" seinen letzten großen Meilenstein mit Konrad Duden (1829) erreichte. All diese Menschen mit Penis haben ihre linguistischen Konzepte auf dem „Ostmitteldeutsch" aufgebaut, einer Sprache, die etwa im heutigen Sachsen gesprochen wurde. Dieser Dialekt wurde aus verschiedenen politischen, kulturellen und wirtschaftlichen Gründen und gepaart mit einer hübschen Portion Zufall zur Grundlage für die deutsche Hochsprache erklärt und dementsprechend gestutzt, geformt und standardisiert.

Die meisten dieser Sprachgelehrten waren Mitglieder in sogenannten Sprachgesellschaften. Das waren patriotische bis nationalistische Klubs, in denen überwiegend – ratet mal! – Männer vertreten waren. Frauen, die Mitglied in einer Sprachgesellschaft waren, lassen sich an einer Hand abzählen. Diese Sprachgesellschaften hatten es sich zur Aufgabe gemacht, die „Deutsche Hochsprache" (aka „Ostmitteldeutsch") zu pflegen, zu formen und zu erhalten. Die bekannteste und größte Sprachgesellschaft war die „Fruchtbringende Gesellschaft", auch bekannt als „der Palmenorden" (der by the way 2007 wieder neu gegründet wurde – das muss der Fortschritt sein, von dem alle reden). Dieser Palmenorden formulierte den Grund seines Daseins so:

„Deren Zweck ist darauf gerichtet, dass man die hochdeutsche Sprache in ihrem rechten Wesen und Stande ohne Einmischung fremder ausländischer Worte aufs möglichste und tunlichst erhalte und sich sowohl der besten Aussprache im Reden als der reinsten

Art im Schreiben und Reime dichten befleißige.“[12]

Auf Neudeutsch: Das Hochdeutsch ist eine der heiligsten Sprachen der Welt, darum müssen wir sie in ihrer Reinheit bewahren, vor ausländischen Einflüssen schützen, Fremdwörtern keine Chance geben und dafür sorgen, dass auch die Aussprache möglichst deutsch (aka „ostmitteldeutsch“) bleibt.

Also, wer sich bisher noch nicht davor gegruselt hat, dass unsere Sprache ausschließlich von Männern normiert wurde, dieser Person sollte spätestens jetzt schlecht werden. Denn für unsere heutige Standardsprache bedeutet es nämlich, dass sie das Ergebnis einer linguistischen Logik deutscher Patrioten ist, die in einer Zeit lebten, in der Faxen wie der Aderlass zur Behandlung von Krankheiten allgemein noch als gute Idee galt. Was diese weißen, nationalistischen, christlichen Typen in ihre Grammatiken, Texte und Wörterbücher geschrieben haben, war die Sprache, die sie kannten, die aus ihrer Perspektive logisch und richtig war. Und da damals ausschließlich Männer über intellektuelle und politische Macht verfügten, hat das auch niemensch infrage gestellt.

Dass sich Luther, Duden und Co. vor allem im Maskulinum ausdrückten, überrascht nicht. Es traf den Puls der Zeit. Schließlich waren die meisten Berufe und Ämter des öffentlichen Lebens männlich besetzt. Es war also nicht nur einfacher, ausschließlich die maskuline Form für Personenbezeichnungen zu benutzen, sondern meistens auch schlichtweg korrekt.

Ob das Maskulinum schon immer in seiner heutigen generischen, also allgemeingültigen Form verwendet wurde, darüber streitet die Sprachwissenschaft. In althochdeutschen Texten finden sich durchaus maskuline Ausdrücke, die ganz offensichtlich auch Frauen mit einschließen sollten.[13] Andererseits wurde die maskuline Form auch gezielt dafür verwendet, Frauen aus Prozessen auszuschließen. Zum Beispiel gab es 1912 den Fall, dass der ordentlich gewählten Abgeordneten Božena Viková-Kunětická der Zugang zum böhmischen Parlament verweigert wurde, weil es im böhmischen Gesetz von 1861 hieß: „… als Landtagsabgeordneter ist jeder gewählt, der …"[14] Der Wortlaut wäre ja wohl eindeutig maskulin, was nur bedeuten kann, dass ausschließlich Männer gemeint seien und Frauen aus den Parlamenten draußen bleiben müssten. Ist doch klar.

Es herrschte also eine gewisse Willkür bei der Verwendung des Maskulinums. Der Begriff „generisches Maskulinum" ist jedenfalls ziemlich neu. Er wurde erstmals in einer Duden-Grammatik von 1995 erwähnt.[15] Daher können wir davon ausgehen, dass die Allgemeingültigkeit des Maskulinums vorher keiner grammatikalischen Normierung unterlag, obwohl das Deutsche bereits seit mindestens zwei Jahrhunderten Normierungsprozesse durchmachte.

Das ist doch spannend, oder nicht? Dass das generische Maskulinum erst dann seine feste grammatikalische Rolle bekam, als Frauen plötzlich auch mitreden wollten. Die Ausarbeitung einer maskulinen Grammatik und Wortverwendung war für die Grammatiker des Mittelalters und der frühen Neuzeit freilich eine Beschreibung der damaligen männerdominierten Realität. Doch eine solche Abbildung gilt nur so lange, wie diese Realität andauert.

Dass gendergerechte Sprache die Zerstörung einer „natürlichen Sprachentwicklung" sei, ist also sogar doppelt falsch. Zum einen, weil das Standarddeutsch schlichtweg keine natürliche Sprache ist. Es ist eine auf dem Ostmitteldeutschen basierende konstruierte Sprache, die nicht zuletzt einfach das Verwaltungswesen der deutschsprachigen Länder erleichtern sollte. Und zum anderen, weil an ihrer standardisierten Struktur festgehalten wurde, obwohl sich die Realität längst in Richtung mehr Diversität entwickelte. Doch dann hieß es plötzlich, dass das generische Maskulinum ein grammatikalisches Gesetzt sei: Tjaaahhh … uuuhhhh … blöd … kann Mann nix machen. Ihr dürft jetzt Konten eröffnen und wählen gehen, das wird euch doch wohl reichen.

Ganz natürlich, diese Entwicklung.

2.

„Mit-ge-meint“

Der „Kundenparkplatz“ meint natürlich auch die Kundinnen. Das „Anwohnerparken“ meint selbstverständlich auch die Anwohnerinnen. Und sicher sind nicht nur Ärzte gemeint, wenn von Ärzten die Rede ist, sondern auch die Ärztinnen. Schon blöd, wer da nicht selbst draufkommt. Ist doch klar. Ist doch eindeutig. Wieso sollten wir auch sagen, was wir meinen? Alle anderen, die das nicht checken, haben halt nicht richtig aufgepasst.

Das erinnert mich an Beziehungsszenarien in Sitcoms, wenn sich in der Männerrunde des Protagonisten darüber lustig gemacht wird, dass Frauen immer das Gegenteil von dem meinen würden, was sie sagen. Mal abgesehen davon, dass diese Annahme sexistisch ist, ist es dahin gehend interessant, weil in diesem Fall stark angekreidet wird, wenn Menschen (in diesem Fall Frauen) nicht einfach sagen, was sie meinen. Aber sobald es um die eigene Sprache geht, ist es plötzlich zu viel verlangt, das zu sagen, was wir meinen, und so wird genervt gekontert mit „Ich hab’ doch Frauen mitgemeint“ (*Augenverdreh-Smiley*). Soso. Blöderweise funktioniert unser Gehirn anders, als wir es offensichtlich gerne hätten.

Von verstreuten Socken und schwarzen Bächen

Wir verstehen Sprache nur über Frames und Metaphern. Was das ist, erkläre ich gleich. Aber diese Tatsache ist so elementar für unser Sprachverständnis, dass ich sie ganz unverschämt an den Anfang meiner Ausführungen setze. Wir verstehen Sprache nur über Frames und Metaphern. Nur. Ausschließlich. Und das ist nicht meine Meinung, sondern die von George Lakoff, Mark Johnson, Elisabeth Wehling und anderen Kognitionswissenschaftler:innen und Linguist:innen. George Lakoff ist kognitiver Linguist.

Das bedeutet, dass er sein täglich Brot damit verdient, die Frage zu beantworten, wie Sprache in unserem Gehirn verarbeitet wird. Dabei hat er festgestellt, dass die meisten Menschen auf der Welt ein gemeinsames Problem teilen:

> *Sie haben Annahmen über ihr eigenes Denken, die vollkommen falsch sind.* [16]

In – ya – face! Anders ausgedrückt heißt das: Wir glauben nur zu wissen, wie wir denken. Wir glauben zu wissen, dass, wenn wir am Anfang eines Textes schreiben „Ich benutze in diesem Text der Einfachheit halber die maskuline Form, aber es sind alle Geschlechter mitgemeint", das dann schon passt. Oder wenn wir in unserer Stellenausschreibung schreiben: „Wir suchen einen Fachverkäufer (m/w/d)". Damit liegen wir leider Lichtjahre neben der Spur.

Die Erkenntnisse der letzten Jahrzehnte haben ergeben, dass wir uns von der Vorstellung verabschieden können, unser Gehirn funktioniere wie ein Computer: nachvollziehbar strukturiert und kontrollierbar. Mit vielen kleinen Ordnern und Apps, die wir nacheinander öffnen und schließen können. Schön wär's, wenn wir alles kontrollieren könnten! Sogar unser Gehirn. Aber Pustetörtchen. Unser Gehirn ist dafür viel zu komplex und auch nicht bis in jede Ecke und jeden Winkel vollständig durchleuchtet. Um es für den beschränkten menschlichen Verstand einfacher zu machen, haben wir angefangen, unser Gehirn in mehrere grobe Zonen einzuteilen, die hauptsächlich für verschiedene Dinge verantwortlich sind. So ist ein Teil für unsere Bewegung verantwortlich, ein anderer Teil speichert unsere Erinnerungen und wieder ein anderer verarbeitet unsere Sprache. Das ist nicht falsch. Es wird der Realität aber nur ansatzweise gerecht.

Wie alle Vorgänge in unserem Gehirn ist die menschliche Sprachverarbeitung ein hochkomplexes Phänomen. Der Fachbereich der „Kognitiven Linguistik" untersucht, wie wir Sprache erlernen und wie sie in unserem Gehirn verarbeitet wird. Anders als nach der Vorstellung eines Computerspeichers mit klar definierten Ablagen und Zonen, begreift die kognitive Linguistik nach George Lakoff und Mark Johnson die verschiedenen Vorgänge in unserem Gehirn nicht als schön sortiert getrennt voneinander, sondern als ein zusammenhängendes System. Ein System, an dem immer mehrere Teile unseres Gehirns gleichzeitig beteiligt sind. So ist nach ihrer Theorie auch die Sprachverarbeitung nicht losgelöst von anderen kognitiven Vorgängen – wie beispielsweise Bewegungen, visuellen Eindrücken, Gerüchen und allem, was unser Gehirn sonst noch so verarbeiten muss.

Beispiel: Nehmen wir das Wort „Affe". Sobald wir das Wort „Affe" hören, haben wir automatisch eine Vorstellung davon, ein Konzept. Wir sehen vor unserem geistigen Auge, wie ein Affe aussieht, wie er klingt, wie er sich bewegt. Je nach unseren Erfahrungen kann dieses Konzept sich von Individuum zu Individuum unterscheiden. Unser Konzept „Affe" wird davon beeinflusst, wie viel wir über Affen wissen, ob wir Biolog:innen sind oder Tierpfleger:innen oder einen Affen nur aus dem Fernsehen kennen. Für die Verarbeitung im Hirn ist aber nicht wichtig zu wissen, mit welchem Inhalt das Konzept gefüllt ist, sondern wie sich dieser Inhalt in unserem Denkorgan verteilt.

Alle Eindrücke, die wir mit dem Wort „Affe" verbinden, alles Affen-Wissen und alle Affen-Konnotationen, sind nämlich breit über unser Gehirn verstreut. Und zwar nicht einfach in mehreren Schubladen oder gut sortierten Ordnern. Vielmehr sind sie so verteilt wie die Socken im Zimmer eines pubertierenden Jugendlichen: auf eine Weise, die wir (noch) nicht verstehen, gebündelt und überlagert mit anderen Inhalten, an Orten, wo wir sie nicht vermuten und vielleicht auch niemals finden werden. Und so ist es mit allen Wörtern. Ich wiederhole: mit allen. Es gibt keine Phrasen, Wörter oder Äußerungen, zu denen wir nicht über unser gesamtes Hirn verteilte Informationen abrufen.

Das gilt auch für das Genus, das wir wählen. Wir haben alle Konzepte von männlich und weiblich. Das geht in unserer binären Gesellschaft gar nicht anders. Konzepte von Transgender, Intergeschlechtlichkeit und nicht binären Menschen sind dagegen sehr dürftig (warum das so ist, werdet ihr am Ende des nächsten Kapitels verstanden haben). Die Verwendung des generischen Maskulinums führt dazu, dass vor allem männliche Konzepte in unserem Gehirn wachgerufen werden. Und das hat Auswirkungen auf unser Handeln und die Zusammensetzung unserer Gesellschaft. „Aber wieso denn?", fragt ihr euch jetzt vielleicht. Wurden wir nicht alle mit einem menschlichen Verstand geboren, der fähig ist, rational zu denken? Wieso macht es einen so großen Unterschied, welches Genus wir verwenden? Dazu müssen wir uns anschauen, wie das Erlernen des Sprechens funktioniert und was zwischen „Sprache rein" und „Handlung raus" in unserem Gehirn so passiert.

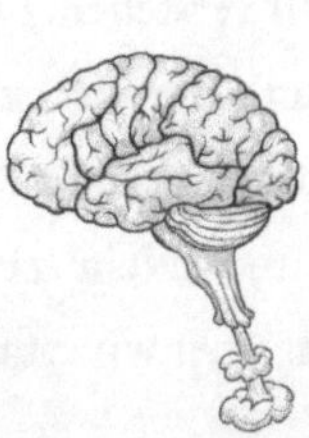

Sinnlichkeit oder „Embodied Cognition“

Das Sprechenlernen und unsere Erfahrungen mit der Welt sind von Anfang an miteinander verknüpft. Der Fachbegriff dafür ist „Embodied Cognition“ (übersetzt: „Verkörperte Kognition“)[17]. Der Begriff aus der Kognitionswissenschaft meint, dass wir Worte verstehen, indem unser Gehirn diese mit körperlichen Erfahrungen verbindet.

Konkret heißt das: Kinder lernen als Erstes die Begriffe von Objekten, die sie sinnlich wahrnehmen können, also über das Sehen, Hören, Riechen, Schmecken und Fühlen selbst erfahren. Das Stillen und das Getragenwerden von einem bestimmten Körper sind in der Regel die ersten Erfahrungen eines Neugeborenen. Folglich lernt es vergleichsweise schnell den sprachlichen Ausdruck, den es damit verbindet: „Mama“. Oder „Papa“. Je nachdem. Als Nächstes finden wir vielleicht diese runden Dinger interessant, die so lustig hüpfen, und lernen ihren sprachlichen Ausdruck: Ball.

Nur das, was wir selbst körperlich erfahren (haben), kann unser Gehirn einordnen. Also nur das, was wir körperlich selbst erfahren haben, können wir verstehen. Das gilt auch für abstrakte Wörter, Vorgänge oder Laute, die wir nicht sinnlich wahrnehmen können. Andernfalls hätten wir große Probleme damit, so essenzielle Ausdrücke wie „Ja“ und „Nein“ zu lernen. „Ja“ und „Nein“ können wir nicht anfassen. Aber wir erfahren die Reaktionen, die auf diese Wörter folgen. Wir erfahren, dass bei „Ja“ im besten Fall etwas weitergeht oder positive Dinge geschehen, während bei „Nein“ im besten Fall Prozesse enden oder die Situation insgesamt unangenehm ist.

Das funktioniert genauso bei noch abstrakteren Begriffen, zu denen wir keinen direkten körperlichen Bezug haben, wie „Meinung“ oder „Gedanke“, oder menschlichen Eigenschaften wie „Sympathie“. Unser Gehirn erschließt und interpretiert eine Bedeutung, indem es auf abgespeicherte Erfahrungen zurückgreift, die dieser Bedeutung ähneln. Es versinnlicht diese Ideen, übersetzt sie in etwas Greifbares, um ihnen eine Bedeutung zuzuordnen.

Metaphern

Wie soll das bitte gehen? Die Antwort ist einfach: durch Metaphern. Also sprachliche Bilder, mit denen wir im übertragenen Sinne eine Begebenheit beschreiben. Ihr kennt Metaphern wahrscheinlich alle noch aus dem Deutschunterricht. Gedichtinterpretation und so weiter. Ja, ätzend, ich weiß, aber es gibt sie auch außerhalb des Unterrichts. Unser Alltag ist voll davon. Wenn wir sagen „Miro ist nicht gerade die hellste Kerze auf der Torte“, meinen wir natürlich nicht, dass Miro buchstäblich eine Kerze ist (es sei denn, ihr gebt euren Geburtstagskerzen

Namen). Stattdessen übertragen wir die Bedeutung von „helle sein", was für „klug sein" steht, auf die Kerze, die hell leuchten kann – oder eben nicht.

Dieses Beispiel verdeutlicht aber nur in Ansätzen, wie weitreichend unser metaphorischer Sprachgebrauch ist. Nach Wehling und Lakoff denken und sprechen wir andauernd, hundertfach in Metaphern, ohne es zu bemerken. Unser alltäglicher Sprachgebrauch ist voll davon. Da wahnsinnig viele Umstände unseres Alltags abstrakt sind, brauchen sie eine metaphorische Umschreibung, um sie be*greifbar* zu machen. So machen wir Gedanken zu Objekten, um sie zu be*greifen* oder zu *verlieren*, oder wir machen sie zu Nahrung, wenn sie *schwer zu verdauen* sind. Auch verbinden wir Zuneigung mit Wärme und so erscheinen uns unsympathische Menschen zum Beispiel *kalt*. Wir können die Aussage einer Person unter*schreiben* oder ab*lehnen*. Abstrakte Konzepte wie einen Staat verbinden wir laut Wehling mit unseren eigenen Familienkonzepten. Das sehen wir in „Vater Staat" (das Patriarchat lässt grüßen) oder das Frame von Angela Merkel als „Mutti der Nation". Genauso wurden die USA und die UdSSR während des Kalten Krieges als „Große Brüder" der von ihnen abhängigen Staaten bezeichnet. Allein das *Verhandeln zwischen* Staaten bedarf einer Personifikation, da ein Staat als Abstraktum ja nicht agieren kann. Personen oder Gruppen (wie eine Familie) können das hingegen tun.

Besonders in politischen Zusammenhängen sind wir auf Verwendung von Metaphern angewiesen, denn politische Ideen sind immer abstrakt. Metaphern hingegen verleihen diesen Abstrakta eine Sinnhaftigkeit, indem sie unsere Neuronen mit unseren eigenen Erfahrungen füttern.

Vom Denken zum Handeln oder: so-tun-als-ob

Dieses „Füttern" von Neuronen mit Erfahrungen funktioniert so, dass unsere Sprache einfach dieselben neuronalen Gehirnstrukturen nutzt, die auch für die Wahrnehmung von körperlichen Reizen, Berührungen oder Bewegungen verwendet werden.[18] Es gibt also keine extra Rodelbahn, auf der die Sprachinformation hin- und herflitzt. Stattdessen sind es dieselben Rodelbahnen im Gehirn, die auch für den Transport anderer Informationen genutzt werden, wie beispielsweise für einen Geschmackimpuls oder den Befehl einer Bewegung. Das bedeutet: Wenn wir etwas lesen oder hören, SIMULIERT unser Gehirn das Gelesene oder Gehörte auf der Basis unserer gesammelten und abgespeicherten Erfahrungen mit der Welt. Es tut so, als ob Dinge passieren würden, die dir schon mal passiert sind, um dir klarzumachen, was das Gelesene oder Gehörte bedeutet. Wenn du also jetzt das Wort

„singen" liest, dann tut ein Teil deines Gehirns so, als würdest du tatsächlich singen. Was dabei fehlt, ist der motorische Befehl deines Gehirns an alle dazugehörigen Körperteile, diese Handlung wirklich auszuführen. Sonst würdest du jedes Mal loslegen zu singen, wenn ich „singe" schreibe. Das wäre zwar lustig für mich, aber für dich recht unproduktiv.

Bei der Simulation, also dem Tun-als-ob, werden jene Neuronen aktiv, die auch bei den tatsächlichen körperlichen Reizen, Berührungen oder Bewegungen aktiv werden. Konkret: Wenn unser Gehirn das Wort „Werkzeug" verarbeitet, werden Neuronengruppen im motorischen Kortex aktiviert, also dem Teil des Gehirns, das für Bewegungen zuständig ist. Das bedeutet, dass auch bei Sätzen, die Hand- oder Fußbewegungen beinhalten (wie zum Beispiel Klavierspielen), die entsprechende Muskelaktivität beeinflusst wird. Bei der Aufzeichnung von Gehirnaktivitäten einer Person, die sich geistig Fingerübungen vorstellt, arbeitet der motorische Bereich viel stärker als der Rest des Gehirns – obwohl die Person sich nicht bewegt. Bei Wörtern aus der Kategorie „Essen" hingegen werden Neuronengruppen im gustatorischen System aktiviert, also dort, wo unser Geschmackssinn sitzt. Bei akustischen Objekten wie „Glocke" oder „Tröte" im auditorischen Kortex und so weiter.[19]

Sprache und Motorik hängen also physisch zusammen. Hinweise darauf finden sich im Alltag. Probiert einmal, eine Tür aufzudrücken, auf der „ziehen“ steht. Euer Gehirn und eure Bewegung werden dabei ins Stolpern kommen. Und dabei meine ich nicht das gehetzte Kurz-vor-20-Uhr-noch-schnell-ins-Kaufhaus-rennen-Wollen, um dann gegen die Scheibe zu knallen, weil wir das Schild daran zu spät registriert haben. Dabei meine ich: Schild lesen, „ziehen“ verstehen und dann versuchen zu drücken. Klappt schlecht.

Mein Lieblingsversuch aus der Forschung ist dieser: Eine Gruppe von Versuchspersonen bekommt einen Text zu lesen, der Begrifflichkeiten enthält, die an einen alten Menschen denken lassen (sentimental, grau, vergesslich, Rente, faltig usw.). Eine zweite Gruppe bekommt einen vollkommen neutralen Text. Die erste Gruppe mit dem Alte-Menschen-Text braucht anschließend wesentlich mehr Zeit, um den Weg zum Fahrstuhl zurückzulegen als die zweite Gruppe mit dem neutralen Text. Keines der Wörter im Text hatte irgendetwas mit Geschwindigkeit zu tun. Das mentale Konzept von „Alter“ scheint Langsamkeit zu beinhalten, was der Körper sofort unbewusst umsetzt.[20]

Frames

Elisabeth Wehling schätzt, dass 98 Prozent aller Vorgänge in unserem Gehirn unbewusst passieren. Acht-und-neun-zig-Pro-zent! Bei all dem Mist, den wir jeden Tag wahrnehmen und bewusst verarbeiten, all der Stress in der Lohnarbeit, in Beziehungen oder in Prozessen mit uns selbst, macht das alles lediglich etwa zwei Prozent aus. Ein enorm großer Teil der Dinge, die in unserem Gehirn passieren, ist für uns nur ein tiefschwarzer, vor sich hin plätschernder Bach, auf dessen Grund wir niemals werden schauen können, ganz egal, wie sehr wir uns anstrengen.

Und das ist gut so. Unser Gehirn ist nämlich ein krass aktives Organ. Im Durchschnitt verarbeitet es 20 Laute pro Sekunde und kann ein Wort nach circa 200 Millisekunden nach Beginn der Äußerung identifizieren.[21] Da erscheint es nur logisch, dass wir das alles nicht mitkriegen. Stellt euch mal den Overkill vor, wenn wir das alles bewusst verarbeiten würden. Wenn wir sämtliche versprengten Socken aller existierenden Chaot:innen in einem nach Teenie-Schweiß stinkenden Zimmer zusammensuchen müssten. Wir wären mit nichts anderem mehr beschäftigt und könnten in unserem Alltag nicht mehr effektiv interagieren. Dieser tiefschwarze, plätschernde Bach ist also ein sehr kluger Mechanismus, der uns quasi das Denken erleichtert.

Dieser tiefschwarze, plätschernde Bach ist allerdings auch der

Grund dafür, dass wir nur selten Entscheidungen auf der Basis logischer Fakten treffen. Der Bach erleichtert uns zwar die Verarbeitung von Informationen, sorgt aber eben auch dafür, dass wir nicht alle Informationen bewusst wahrnehmen. Es wäre schlichtweg zu aufwendig, unser Gehirn käme damit nicht klar. Das wäre aber die Voraussetzung, um sie in einen rationalen Entscheidungsprozess einfließen zu lassen. Darum müssen wir uns der schmerzhaften Wahrheit stellen, dass wir Menschen, wir Krönung der geistigen Schöpfung, oft einfach nicht die kognitive Fähigkeit dazu haben, perfekte, rationale Entscheidungen zu treffen.[22] Elisabeth Wehling sagt es ganz deutlich:

> ”*Wir treffen nie Entscheidungen, indem wir ‚rein sachlich und objektiv‘, Fakten gegeneinander abwägen. Nie.*“[23]

Die meisten unserer Entscheidungen sind vielmehr Ergebnis unserer gedanklichen Deutungsrahmen. Unserer Frames. Das ist so, weil es unserem effizienten Gehirn viel mehr darauf ankommt, uns die Konzepte zu präsentieren, die es mit einer bestimmten

Idee verknüpft, anstatt uns mit sämtlichen Informationen zu konfrontieren, die es irgendwann einmal über diese Idee abgespeichert hat. Und diese Konzepte basieren nun mal nicht auf Logik, sondern – der Embodied Cognition entsprechend – auf Sinneswahrnehmungen.

Wir können also nicht bewusst ein neutrales Konzept einer Person aufrufen, wenn wir im generischen Maskulinum kommunizieren. Selbst wenn unser Gegenüber zuvor gesagt hat, dass es das gerne hätte. Auch wenn unser Verstand weiß, dass nicht nur Männer Inhalt dieser Kommunikation sind. Bitte denke nicht an einen Mann, wenn du von einem Mann sprichst. Klar, klappt bestimmt super. Wie beim rosa Elefanten. Wenn wir in der Wahlkabine stehen, um die:den nächste:n Bürgermeister:in zu wählen, ist die Wahrscheinlichkeit groß, dass wir ein Kreuzchen hinter einem männlichen Namen machen, wenn wir immer nur von Bürgermeistern reden. Wenn wir immer nur von Astronauten sprechen, werden nur sehr wenige Mädchen die Entscheidung treffen, irgendwann ins All fliegen zu wollen. Wenn wir immer nur von der Haushälterin oder der Hausfrau reden, werden die wenigsten männlich sozialisierten Menschen auf die Idee kommen, sich Vollzeit um die Organisierung eines Haushalts zu kümmern. Und das nicht, weil wir es nicht besser wissen, nicht, weil wir uns aktiv dafür oder dagegen entschieden haben. Sondern weil der Frame unser Handeln bestimmt. Ob wir wollen oder nicht.

Siggi lässt grüßen

In ihrem Buch „Politisches Framing: Wie eine Nation sich ihr Denken einredet – und daraus Politik macht“ erklärt Elisabeth Wehling, wie Sprache im politischen Kontext funktioniert. Wie Konservative Ars…enale wie Donald Trump das Framing klug zu ihrem Vorteil nutzen. Dass Donald Trump 2017 Präsident der USA wurde, war kein Ergebnis überzeugender Argumente oder durchdachter politischer und sozialer Lösungen für die Nation. Trumps Wähler:innenschaft hat vermutlich auch keine Pro- und Kontralisten über seine politischen Inhalte geführt. Sonst hätte sie gewiss anders entschieden. (Hoffentlich.) Vielmehr hat sich Trump einen Frame verpasst, der bei vielen US-Amerikaner:innen in diesem Wahljahr gut funktioniert hat. Das ist alles. Er hat sich in seinem Wahlkampf als eine Art strenger Vater inszeniert, als einen Ober-Patriarchen, der die Befugnis hat, andere Staatschef:innen, Kolleg:innen und Personengruppen zu bewerten. Er hat Bilder von innen- und außenpolitischen Wettbewerben geschaffen, von Unter- und Überlegenheit. Und jetzt ratet mal, wen er als überlegen geframed hat. Na klar, zum einen die weiße, nordamerikanische Mittel- und Oberschicht, die sich diszipliniert an patriarchale Werte hält und die USA als Superstaat hochhält. Und zum anderen sich selbst. Und wem gegenüber hat er sich überlegen geframed? Hm. Eigentlich allen anderen Menschen auf diesem Planeten. Also ganz klar: Wer will denn nicht von so einem hochkarätigen Spitzentypen regiert werden? Vor allem hat die Neu-Rechte in Trump ihren Retter gefunden. Er wird ihr gebeuteltes Land, Opfer der sozialen Weltpolitik und bedrängt von Klimawandellügen, endlich wieder zu seiner Erhabenheit und Stärke führen. (Was daraus geworden ist, sehen wir ja.)

In der Linguistik sprechen wir von *Frame-Semantik*. Die Semantik ist ein Teilbereich der Linguistik, die sich mit der Bedeutung von sprachlichen Zeichen beschäftigt. In unserem Fall ist dieses sprachliche Zeichen eine Reihe von Lauten, die wir in einer bestimmten Reihenfolge von uns geben. Daraus ergibt sich (im besten Fall) ein Wort. Dieses Wort ist mit Inhalt gefüllt, den wir transportieren wollen. Je nachdem, ob wir die Sprache des Gegenübers sprechen, ob wir heiser oder betrunken sind, kommt dieser Inhalt mehr oder weniger verständlich beim Gegenüber an. Die Akustik spielt freilich eine Rolle im Verstehensprozess, ist aber nicht der einzige Faktor. Auch wenn der:die Tagesschau-Sprecher:in ein Wort im perfekt artikulierten Standarddeutsch ausspricht, brauchen wir noch eine weitere Sache, um das Wort zu verstehen: unser Weltwissen. Um das Wort „Affe" zu verstehen, muss ich wissen, was ein Affe ist. Dabei ist nicht wichtig, wie gut ich über Affen Bescheid weiß oder ob das, was ich über sie weiß, wahr ist. Solange ich ein Bild von Affen oder einen anderen sinnlichen Bezug zu ihnen habe, verstehe ich. Und dieses

Bild oder diese sinnlichen Erfahrungen müssen in irgendeiner Form mit den Bildern oder sinnlichen Erfahrungen meines Gegenübers übereinstimmen. Sprich, wir müssen (zumindest teilweise) dasselbe Weltwissen teilen, um uns gegenseitig zu verstehen. Ein Frame bestimmt dann, wie ich dieses Wissen bewerte. Er ist ein Deutungsrahmen für dieses Wissen. Frames unterteilen unser Weltwissen in Häppchen, mit denen wir ein Wort schnell und effektiv mit unseren Erfahrungen abgleichen können, um seine Bedeutung einordnen zu können. Das Weltwissen ist eine kollektive Informationsquelle und der Frame ist die Verpackung, die beeinflusst, wie wir diese Information bewerten und persönlich einsortieren. Frames spielen also in unserem Verstehensprozess eine bedeutende Rolle.

Frames sind sehr mächtig. Frames sind quasi das Ergebnis der unbewussten 98 Prozent in unserem Gehirn. Um 1900 revolutionierten Sigmund Freud und Carl Gustav Jung die psychologische Praxis mit der Entdeckung der Psychoanalyse. Obwohl der gute Siggi in vielerlei Hinsicht ein sexistischer Idiot war, wissen wir seitdem eines ganz genau: Nämlich, dass es eine gute Idee ist, unser Unbewusstes ernst zu nehmen, da es einen großen Einfluss auf unser Denken und Handeln hat. Die unbewussten 98 Prozent in unserem Kopf haben eine gewaltige Wirkung auf unsere Gefühle und darauf, wie wir Dinge bewerten, und Gefühle wiederum beeinflussen unser Handeln. Das ist psychosomatischer Konsens.

Das Fiese dabei ist: Frames wirken außerhalb unserer Wahrnehmung. Sie produzieren Bilder, Annahmen und Folgeschlüsse in unserem Kopf, OHNE DASS WIR ES MERKEN. Dazu kommt, dass wir sie meistens auch unbewusst anwenden. Außer wir sind Politiker:in wie Donald Trump, mit einer Horde Expert:innen um uns herum, die extra für uns über einen längeren Zeitraum hinweg akribisch einen Wahlkampf-Frame entwickeln. In der Regel merken wir gar nicht, wenn wir einen Frame benutzen, und merken es noch weniger, wenn wir auf einen hereinfallen. Das ist im Grunde auch nicht schlimm, denn wie wir gelernt haben, kommen wir um die Verwendung von Frames gar nicht drum rum. Es ist die Art und Weise, wie wir Sprache verstehen.

Untergrenze für Geflüchtete

Manchmal macht es aber durchaus einen Unterschied, wie wir Frames benutzen, vor allem wenn es um politisierte und diskriminierende Sprache geht. Hier merken wir den Einfluss von Frames manchmal erst, wenn es zu spät ist. Gerade linke und progressive Strömungen sind nicht so geschickt im Umgang mit Frames. Sie beschränken sich meist darauf, die Argumente von Rechten und Konservativen zu negieren oder durch Kritik an den Bildern und Ideen der Konservativen ihre eigenen Forderungen abzugrenzen. Das geht aber voll nach hinten los, da sie sich dabei oft genau der Frames bedienen, gegen die sie eigentlich politisch vorgehen wollen.

„Flüchtlingswelle" oder „Flüchtlingsflut" sind solche Beispiele.[24] Diese Begriffe transportieren mehr als nur die Tatsache, dass Menschen (warum auch immer) ihre Heimatregion verlassen müssen. Sie vermitteln Gefahr und erzeugen Angst, wenn nicht sogar Panik. „Welle", „Flut", „Strom" bezeichnen Naturgewalten, die bei den meisten Menschen eine negative Konnotation auslösen. Es sind Zustände, die wir als bedrohlich abgespeichert haben, zum Beispiel, weil wir sie im Zusammenhang mit Naturkatastrophen, Zerstörung und Chaos kennen. In einer Flut können wir ertrinken, sterben, unser Zuhause verlieren. Wenn ein:e linke:r Politiker:in also vom „Versagen der konservativen Regierung im Umgang mit der Flüchtlingswelle" spricht, aktiviert sie:er diesen Frame, ohne es zu wollen. Unser Gehirn assoziierte trotzdem Geflüchtete mit der essenziellen Gefahr des Ertrinkens, des Sterbens und des Verlusts unseres Zuhauses. „Flüchtlingswelle" können wir als einen durch und durch fremdenfeindlichen Frame auffassen.

Genauso läuft es auch ab, wenn diese:r Politiker:in gegen eine „Obergrenze" argumentiert.[25] „Obergrenze" ist ein Frame konservativer Vorstellungen, als wäre bewohnbares Land in Europa knapp und könne überlaufen wie ein Glas mit Wasser. Würden wir stattdessen von „Untergrenzen" sprechen, könnten wir den

Frame in sein komplettes Gegenteil kehren, nämlich hin zu einer Vorstellung von Offenheit und unzähligen Möglichkeiten.

Wir können nur Dinge denken, die wir uns vorstellen können. Wir können nicht außerhalb unserer kognitiven Konzepte denken. Darum liegt es an uns, zu entscheiden, welche Konzepte wir wachrufen wollen und welcher Frames wir uns bedienen wollen.

Aber Obacht: Es gibt zwar Frames, die gesamtgesellschaftlicher Konsens sind (kein vernünftiger Mensch empfindet eine Flutkatastrophe als etwas Positives), gleichzeitig verfügen wir aber sowohl als Gesellschaft als auch als Individuum über Frames, die sich widersprechen.

Hä? Wie das?

Nehmen wir die weiter vorne genannte Metapher „Nation als Familie". Anders als bei dem Beispiel mit „Flutkatastrophe" können wir individuell verschieden über das Konzept „Nation" denken, weil wir unterschiedliche Familienvorstellungen haben. Wir selbst könnten beispielsweise in einem konservativen Familienkonstrukt aufgewachsen sein, mit einem arbeitenden Vater und der Mutter als Hausfrau. Gleichzeitig könnte unsere beste Freundin ganz anders aufgewachsen sein. In ihrer Familie arbeiten vielleicht beide Eltern, es könnte einen alleinerziehenden Elternteil geben oder gar gleichgeschlechtliche Elternteile. Wir werden mit mehreren Systemen sozialisiert, darum können unterschiedliche Konzepte parallel in unseren Köpfen existieren. Je nach unseren

Erfahrungen und Einstellungen können wir Frames also unterschiedlich bewerten. Die einen empfinden einen strengen Vater als Staatsoberhaupt als positiv, die anderen erkennen daran den nationalistischen Narzissten und finden den Frame eines Donald Trumps einfach nur widerwärtig.

Wenn wir also bewusster mit Frames umgehen wollen – was Sinn ergibt, da wir in unserem Sprachgebrauch nicht um sie herumkommen –, geht es nicht nur darum, zu überlegen, welcher Frame unseren Inhalt am sinnvollsten transportiert, sondern auch darum, wen wir mit unserem Frame überzeugen möchten. Und das nicht nur im politischen Kontext, sondern auch im Alltag. Frames sind eine klassische Stolperfalle für Missverständnisse und ungewollte Diskriminierung. Es lohnt sich, mitzudenken, was unser Frame für Menschen transportieren könnte, die eine andere Realität leben als wir. So ist der Abschiedsgruß „Wir sehen uns morgen" an Kolleg:innen am Ende deines Arbeitstags im allgemeinen total unverfänglich. Wir wollen uns höflich verabschieden, mit der Aussicht, dass wir uns am nächsten Tag wieder im Büro treffen. Wenn wir den Gruß aber im Gespräch mit einer blinden Person nutzen, könnte das nett gemeinte Verabschieden für die andere Person verletzend und für uns selbst mindestens peinlich werden.

Gender-Frames

Erinnern wir uns nun an das generische Maskulinum. Auch das unterliegt der Macht der Frames. Wenn wir die maskuline Personenbezeichnung als Norm akzeptieren, benutzen wir eine Sprache, die in einem patriarchalen System standardisiert wurde und beim Sprechen automatisch dessen Werte und Vorstellungen vermittelt.

Wie schon vorhin erwähnt, ist es nämlich so, dass ich mich nicht aktiv dafür entscheiden kann, kognitiv einen maskulinen Ausdruck mit einer nicht maskulinen Person zu verknüpfen. Wenn ich „Kunde" höre, kann ich mir nicht vornehmen, den Frame einer Kundin zu aktivieren. Das geht schlichtweg nicht. Sprachverstehen basiert auf Sinneseindrücken, die sich zu einem Konzept zusammenklüngeln. Und jedes Geschlecht hat in Mitteleuropa der 2020er-Jahre nun mal sein eigenes Konzept, auf das unser Gehirn unweigerlich zurückgreift. „Mitgemeint" funktioniert also nicht, weil unser Gehirn mit „Kunde" automatisch den Frame einer patriarchalen Struktur öffnet. Zack, rein in den Kopf.

Das generische Maskulinum negiert Frauen und TINA*s automatisch – und vielleicht auch mittlerweile ungewollt – in unserer Sprache. Es macht sie unsichtbar, als existierten sie nicht. Das generische Maskulinum erschafft in unserem Gehirn eine Gesellschaft, die nur aus Männern besteht. Es reproduziert alle

Vorstellungen der letzten Tausenden von Jahren, in denen die Gesellschaft, Politik, Familienleben, Bildung, Kultur, Wissenschaft und Wirtschaft vorrangig von Männern bestimmt wurden.

Das ist schon schmerzhaft genug. Aber bei der Vorstellung in unserem Kopf bleibt es ja nicht. Wie wir bei Trumps Wahlkampf gesehen haben: Frames beeinflussen nicht nur unser Denken, sondern auch unser Handeln. Das Ergebnis sind viele Kreuzchen hinter einem Namen, der die Lebensumstände für viele marginalisierte Bevölkerungsgruppen spürbar verschlechtert hat und Klimaschutzmaßnahmen ganz unverhohlen den Mittelfinger zeigt. Es macht also durchaus einen Unterschied, ob wir von „der Chefin", „dem Chef" oder „der Führungsperson" reden. Es macht einen gewaltigen Unterschied, weil es verschiedene Frames aktiviert. Wie wir gelernt haben, hängen unsere Sprachverarbeitung und unsere Motorik unmittelbar zusammen. Verstehen, Vorstellung und Handeln hängen unmittelbar zusammen. Ein weiblicher oder, besser noch, geschlechtsneutraler Frame kann langfristig dabei helfen, dass nicht überwiegend cis Männer in politischen und wirtschaftlichen Entscheidungsgremien sitzen. Genauso wie ein „Kranken*pfleger*" die kognitive Möglichkeit eröffnet, dass sich auch mal Typen um die Kranken und Alten unserer Gesellschaft kümmern können. „Kranken*schwester*" macht das schwierig.

Und sonst so?

Jede Diskriminierungsform hat ihre Frames, die sich in unserer Sprache eingenistet haben und die ganz unterschiedlich funktionieren. Ableismus framen wir beispielsweise entweder so, als wären Menschen mit Behinderung die unglücklichsten Wesen auf der Welt oder als wäre „Behinderung“ eine eklige Spinne, die wir uns von der Hand schütteln wollen – und nicht eine medizinische Diagnose. Dass wir Krankheiten als Schimpfwörter missbrauchen („Spast“), lässt durchblicken, dass wir Menschen mit Behinderung nicht nur sprachlich, sondern auch gesellschaftlich abwerten.

Aber selbst wenn wir Krankheiten und Behinderungen nicht dazu nutzen, um andere Menschen zu beleidigen, sind wir es gewohnt, sie mit negativen Attributen zu bestücken. Ob wir sagen, dass ein Mensch an einer Behinderung „leidet“ oder ob er eine Behinderung „hat“ ist ein himmelweiter Unterschied. (Ersteres doof, Letzteres besser.) Oder zu sagen, eine Person sei an einen Rollstuhl „gefesselt“, ist halt einfach falsch. Ein Rollstuhl schenkt einer Person, die nicht laufen kann, die möglichste Freiheit und Unabhängigkeit. Oft sind wir auch verzweifelt damit beschäftigt, Krankheit und Behinderung aus unserer Sprache wegzuradieren, und denken uns dann Formulierungen aus wie „Menschen mit besonderen Bedürfnissen“. Wenn eine Person im Rollstuhl auf’s

Klo muss, dann ist das kein besonderes Bedürfnis. Weil alle Menschen mal auf's Klo müssen. Daran ist nichts besonders. Aber das Recht, dass das barrierefrei funktionieren kann, hat die Person mit Behinderung trotzdem.

Rassistische Frames hingegen funktionieren ein bisschen anders. Hier merken wir vor allem unser koloniales Erbe, das sich hartnäckig hält. Sei es in Straßennamen wie der „Mohrengasse", das N-Wort, das immer noch in manchen Kinderbüchern herumwabert, und das Z-Wort, das auf Speisekarten auftaucht. Kaum eine Diskriminierungsform jongliert mit so vielen problematischen Fremd-Bezeichnungen wie der Rassismus. Wobei sogar der Begriff, auf den „Rassismus" zurückgeht, im Deutschen dolle umstritten ist: „Rasse". Viele BIPoC sprechen sich dagegen aus, ihn aus dem Grundgesetz zu streichen. Er soll bleiben, als Mahnmal. Aber für viele Deutschsprachige fühlt es sich falscher als falsch an, ihn in den Mund zu nehmen.

Das Sprechen über Rassismus ist also gar nicht so leicht. Sollten wir es also lieber lassen, um ja nicht das Minenfeld um weitere Fettnäpfchen auszudehnen? Nein, auf keinen Fall. Die Journalistin Marina Weisband sagt: „Wir haben deshalb so wenige Worte, um über Rassismus zu sprechen, weil es nicht Teil unserer Kultur ist, über Rassismus zu sprechen."[26] Es wird also höchste Zeit, dass wir nicht nur Rassismus zum Teil unserer Kultur machen, sondern auch den Diskurs darüber.

Der erste Schritt wäre, die kolonialen Frames aus unserer Sprache zu verbannen. Das bedeutet: als erstes das M-, N- und Z-Wort aus dem öffentlichen Raum zu kicken und aufzuhören, rassistische Fremdbezeichnungen zu benutzen. Dazu gehört auch, mit den Kindern etwas anderes zu spielen als Cowboy-und-I-Wort. Und wenn wir schon bei Kindern sind: Das Beige im Malkasten heißt Beige und nicht „Hautfarbe".

Bei Rassismus und Sprache gibt es zusätzlich noch eine Metaebene. Nämlich, wenn wir über Sprachen sprechen. Es ist spannend, welche Sprachen auf dem Schulhof verboten werden und welche nicht. Welche sogar im Unterricht als Prestige-Sprachen gelehrt werden. Englisch, Spanisch, Deutsch, Latein. Und Arabisch? Türkisch? Tigrinya? Swahili? Oder die vielen indigenen Sprachen, die mehr und mehr aussterben? Eher nicht so Prestige. Kübra Gümüşay erzählt in ihrem Buch „Sprache und Sein", wie eine:r ihrer Lehrer:innen mal sagte: „Türkisch lernt man nicht, Türkisch verlernt man."[27] Abgesehen davon, dass so einer Person nicht erlaubt sein sollte, an einer Schule zu unterrichten, ist die Abwertung einzelner Sprachen ein Eigentor. Denn wie sollen wir jemals die einengende Starrheit unseres Sprachsystems auflockern, wenn nicht durch die Einflüsse anderer Sprachen? Wie es im Übrigen schon seit Tausenden von Jahren der Fall ist.

Im selben Buch zitiert Kübra eine Angehörige der nordamerikanischen indigenen Gemeinschaft Citizen Potawatomi Nation.

Die alte Frau war wohl eine der letzten Sprecher:innen der Sprache der Potawatomi. Sie sagte, dass es nicht nur die Wörter seien, die mit dem Aussterben ihrer Sprache verloren gingen. Die Sprache sei viel mehr: „Sie enthält unsere Gedanken, unsere Art, die Welt zu sehen." Die alte Frau bringt mit diesen Worten nicht nur den Wert verschiedener Sprachen zum Ausdruck, sondern auch die Framing-Theorie ziemlich genau auf den Punkt.

Um unsere Gesellschaft gerechter zu machen und soziale Gleichheit wahr werden zu lassen, müssen wir Frames für ebendiese Vorstellungen nutzen. Frames, die Werte von sozialer Gerechtigkeit, Respekt, Verantwortung und Selbstreflexion vermitteln. Sie sind das Fenster zu unseren Gedanken, das Fenster zu dem, wie wir die Welt sehen. Jede politische Positionierung braucht ihren eigenen Frame. Einen Frame, der genau das übermittelt, was wir sagen wollen, das, was wir meinen. Und nicht versehentlich das in die Gehirne unserer Umwelt trägt, was wir genau nicht vermitteln wollten. Gendersensible Sprache im Speziellen ist nicht nur ein politisches Statement, sondern auch ein positiver Frame gegen das Patriarchat. Sie ist nichts anderes als der sprachliche Ausdruck für eine sozial gerechtere Welt.

3.

„Das ist so un-praktisch"

Stimmt. Vollkommen richtig. Diesem Argument kann ich zu 100 Prozent zustimmen. Gendern ist unpraktisch, es ist kompliziert anzuwenden, es irritiert unseren Lesefluss und verleiht unserer Sprache eine gewisse Unhandlichkeit. All den Menschen, die heute über die Unbequemlichkeit geschlechtersensibler Sprache jammern (inklusive mir selbst), kann ich jedoch nur eines entgegnen: Pech gehabt. Da müssen wir jetzt durch.

Fitnessstudio für's Gehirn

Aber ich kann euch beruhigen, denn die Unbequemlichkeit wird sich mit der Zeit legen. Klar, aller Anfang ist schwer. Wir sind mehrmals auf die Nase gefallen, als wir laufen gelernt haben, blamierten uns bei unserem ersten Mal mit einem falsch aufgezogenen Kondom (vorausgesetzt wir hatten Sex mit einem Menschen mit Penis oder waren selbst ein Mensch mit Penis) und trennten mindestens einmal die Weiß- und Buntwäsche nicht richtig, bis wir eingesehen haben, dass Mama (ja, leider Mama und nicht Papa) doch recht hatte mit ihrer peniblen Trennmethode, und alle ungeplant hellrosa gewordenen Kleidungsstücke aussortierten.

Laufen, Vögeln, Wäschewaschen – alles tun wir trotz der Anfangsschwierigkeiten unser Leben lang. Und wahrscheinlich auch viel besser als zu Beginn. So ist es auch mit Sprachveränderungen. Sogar mit einer so plötzlichen und umfassenden Änderung in unserem Sprachsystem wie Geschlechtersensibilität. Wir können darauf vertrauen, dass es leichter werden wird. Für uns und vor allem für die Generationen nach uns. Wir, als die Generation, die das jetzt neu lernen muss, haben leider die A-Karte gezogen in diesem Spiel. Aber: Klimakrise, ausgelaugte Böden, Welthunger, Atombomben – wir hinterlassen unseren folgenden Generationen ziemlich viele A-Karten. Da können wir ihnen wenigstens diese eine ersparen.

Aber erst mal fällt es schwer. Warum eigentlich? Um es noch ein bisschen umständlicher zu machen, geht es nämlich nicht nur um das Erlernen von neuen Sprachregeln, sondern auch um das Erlernen von neuen Konzepten. Denn wie wir im vorherigen Kapitel gelernt haben, können wir ohne die ohnehin nichts verstehen. Und dafür braucht es Training. Hirntraining. Fitnessstudio für den Kopf. Denn wie euer Sixpack und Bizeps kann euer Gehirn wie ein Muskel ganz physisch umtrainiert werden.

Geschlechterkonzepte

Femininum und Maskulinum sind beide Konzepte, die wir kennen, da wir alle mit beiden Geschlechtern sozialisiert werden. Tatsächlich sind wir sogar gezwungen, als Geschlecht zu existieren. Wir haben also keine andere Wahl, als diese Konzepte in unserem Kopf aufzubauen. Wenn wir aus dem Uterus ploppen, wird uns als Erstes ein Geschlecht zugeordnet. Das Konzept, das wir mit dem zugeordneten Geschlecht verbinden, entscheidet dann alles andere, zum Beispiel unseren Namen.

Es ist super, dass wir seit 2018 eine dritte Option neben männlich und weiblich zur Geschlechtsangabe haben. Das ändert aber nichts daran, dass ein Geschlecht bestimmt werden muss – und das verrückterweise nicht von uns selbst, sondern von einer anderen Person (Hebamme oder Ärzt:in). Diese Person hat einen riesigen Einfluss darauf, in welcher Kaufhausabteilung wir unsere Kleidung kaufen, welche Bücher wir lesen, welche Kosmetik wir benutzen, welche Hobbys wir haben, welche Farben wir schön finden, für welche gesellschaftlichen oder familiären Aufgaben wir verantwortlich sind und so weiter. Kurz gesagt: In dem Moment, in dem uns ein Geschlecht zugeordnet wird, übernehmen wir auch (gewollt oder ungewollt) die entsprechende Geschlechterrolle.

Geschlecht ist überall. Wir können keine behördlichen Formulare ausfüllen, ohne unser Geschlecht anzugeben: Im Kindergarten, in der Schule, in der Ausbildung, beim Eröffnen eines Bankkontos, beim Abschließen eines Handyvertrags – überall müssen wir ein Kreuzchen vor irgendeiner Geschlechterkategorie machen. Unsere Gesellschaft ist regelrecht besessen von Geschlecht. Oder genauer: von zwei Geschlechtern. Von Männern und Frauen. Am schlimmsten dabei sind Onlineformulare, bei denen wir nur zwischen männlich und weiblich wählen können, und wenn wir nichts auswählen, können wir nicht weiterklicken. Bei meinen Recherchen zur Diskriminierung von intergeschlechtlichen Menschen bestellte ich mir online eine ältere Stern-Ausgabe, in der es einen langen Artikel zu dem Thema gab. Selbst dem blöden Stern-Bestellformular musste ich sagen, dass ich weiblich bin, sonst hätte ich ihr Heft nicht kaufen dürfen. Und natürlich gab es auch hier nur männlich und weiblich zur Auswahl. Haben wohl ihre eigene Zeitschrift nicht gelesen. Voll Panne.

Unsere geschlechtlichen Konzepte und die daraus resultierenden Frames sind also ein elementarer Bestandteil unseres Alltags – ob wir es wollen oder nicht. Unsere Sprache bedient sich dabei überwiegend dem maskulinen, also dem männlichen Konzept. Mit „Konzept" meine ich hier nicht die anatomische Vorstellung einer männlich assoziierten Person, sondern all das, was wir in unsere soziale Schublade von zum Beispiel „Mann" mit hineinpacken. Das ist das, was wir „Gender" nennen. Also all die Vorstellungen von Maskulinität, die unbewusst unser Gehirn mitverarbeitet, wenn wir das Wort hören oder lesen. Und da wir im Laufe unseres Spracherwerbs gelernt haben, dass sich maskuline Personenbezeichnungen auf Männer beziehen, wird auch hier das Konzept von Männlich-Sein aktiviert.

Neuronen, bildet Banden!

Nun stellt sich jedoch folgende Frage: Wieso ist es beim Sprechen so schwer für uns, von dem maskulinen bzw. männlichen Konzept abzuweichen, wenn wir doch anscheinend mehrere Geschlechterkonzepte haben?

Dass wir überwiegend im Maskulinum kommunizieren, hat neben unserer historischen Sprachentwicklung auch neuronale Gründe: Das Konzept, das wir häufiger abrufen und besonders nach dem wir aktiv handeln, ist physisch stärker in unserem Gehirn ausgeprägt. Denn es verfügt über mehr neuronale Verbindungen in unserem Gehirn als Konzepte, nach denen wir nur selten handeln oder die wir seltener abrufen.[28] Das würde also bedeuten, dass das Maskulinum über mehr neuronale Verbindungen in unserem Gehirn verfügt als die weibliche Form einer Personenbezeichnung. Das Patriarchat hat also dafür gesorgt, dass der Teil unseres Gehirns, der „Mann" denkt, eine Hirnfitnessstudio-Flatrate bekommen hat und fleißig seine Muckis aufbaut. Darum sagen wir zu der Frau, die neben uns wohnt, trotzdem „Nachbar", obwohl dieses Genus hier ganz klar semantisch falsch ist.

Bei jeder unserer Wahrnehmungen werden nämlich Neuronen aktiviert. Wenn wir verschiedene Dinge gleichzeitig wahrnehmen, zum Beispiel einen Geruch (oder mehrere Gerüche) gemeinsam mit einer Bewegung und einer Emotion, verstärken diese gleichzeitig aktivierten Neuronen von Geruch, körperlicher Wahrnehmung und Emotion ihre Verbindung miteinander und werden zu einer funktionellen Einheit, zu einer sogenannten „cell assembly":[29]

Beispielsweise denke ich immer automatisch an Weihnachten, wenn ich den Duft von frisch gebackenem Zimtgebäck in der Wohnung rieche. „Zimt" und „frisches Gebäck" verbinde ich (und vermutlich auch die meisten anderen Menschen im christianisierten Europa) automatisch mit der Weihnachtszeit, weil beides zu dieser Zeit gehäuft vorkommt. Dabei war nur Jo aus Hamburg zu

Besuch, die Partnerin meines Mitbewohners, die Franzbrötchen buk. Mitten im Sommer.

Es genügt also offenbar, nur einen Teil der Neuronen-Einheit, der cell assembly, zu aktivieren, um die gesamte Neuronen-Einheit automatisch mitzuaktivieren. Und Zimt wird zu Weihnachten, in dessen gesamter konzeptionellen Bandbreite. Diese immer wiederkehrende und gleichzeitige Aktivierung von bestimmten Neuronen wird „Hebbian Learning" (oder „Hebb'sches Lernen") genannt.[30] Mit der immer wiederkehrenden Aktivierung dieses neuronalen Netzwerks entwickelt sich mit der Zeit ein automatischer, leicht aktivierbarer Schaltkreis im Gehirn. Das bedeutet, dass Aktivierungen, die wieder und wieder passieren – wie zum Beispiel Zimtgebäck jedes Jahr an Weihnachten wiederkommt, und das mehrere Jahre lang – viel leichter aufploppen als neuronale Aktivierungen, die nur selten gleichzeitig passieren. Kurz: Nur die neuronalen Einheiten, die durch wiederkehrende Erfahrungen gestärkt werden, werden auch zur Grundlage unseres Denkens.[31]

Wenn wir also das Bild einer diversen und vielfältigen Gesellschaft zur Grundlage unseres Denkens machen wollen, müssen wir anfangen, von und über Menschen zu sprechen, die nicht in unsere binäre, weiße, heterosexuelle Norm passen. Darum ist es beispielsweise auch so wichtig, dass wir von „Afrodeutschen" und „weißen Deutschen" sprechen und nicht so tun, als würden wir keine Hautfarben sehen und als hätten diese Hautfarben keinen Einfluss auf unseren Umgang mit Menschen. Solange unsere Norm von „Deutschsein“ noch „Weißsein“ ist, müssen wir „Deutschsein“ und „Schwarzsein“ aktiv miteinander in Verbindung bringen, sonst kann unser Gehirn dieses Bild einer vielfältigen Gesellschaft nicht aktivieren. Was nicht benannt wird, existiert in unserem Kopf nicht. Was die Folge davon ist, nennt die kognitive Linguistik „Hyperkognition“[32]: das Phänomen, dass Ideen nicht existent sind oder verschwinden, weil wir keine sprachliche Umsetzung von ihnen haben.

Wenn wir also nur von einem Klima*wandel* sprechen, bleibt uns der katastrophale Charakter dieses Umstands verborgen. Wenn wir nur von Obergrenzen sprechen, bleibt die Idee von einer Mindestaufnahmequote von Geflüchteten in den Untiefen unserer Vorstellungskraft verschüttet. Genauso werden die wenigsten Mädchen auf die Idee kommen, zu sagen „Wenn ich groß bin, will ich Elektroingenieurin werden“, wenn wir nur von „Elektroingenieuren“ sprechen. Und klar, das ist Training. Aber wie wir eben gelernt haben, wird es umso leichter, je häufiger wir ungewohnte Konzepte abrufen.

Wechselspiel zwischen Sprache und Gesellschaft

Ein Konzept zu STÄRKEN ist das eine. Aber das ist nur die halbe Miete. (Wir wollen schließlich nicht nur ein Stück vom Kuchen, sondern die ganze Bäckerei.) Es geht auch darum, Konzepte zu VERÄNDERN. Und noch mehr: Für eine gesellschaftliche Akzeptanz von diskriminierten oder marginalisierten Gruppen geht es auch darum, neue Konzepte aufzubauen. Und stellt euch vor: Das ist möglich. Ich könnte mir theoretisch auch abtrainieren, an Weihnachten zu denken, wenn ich Zimt rieche. Zum Beispiel wenn ich mir ein Spülmittel mit Zimtgeruch zulege und es täglich benutze, dann werde ich vermutlich Zimtgebäck künftig zuerst mit dem Abwasch assoziieren (aber ich glaube nicht, dass ich das möchte).

Wie genau lässt sich das auf gesellschaftliche Diversität übertragen? Zum Beispiel wird eine positive Belegung von „migrantisch" nicht möglich sein, wenn wir dieses Attribut immer nur dann hören, wenn die Stimme aus dem Radio von einer Messerstecherei erzählt. So bleibt unseren Neuronen nichts anderes übrig, als eine Einheit von „kriminell – gefährlich – arabische Herkunft" (oder so) zu bilden. Vor allem, wenn in anderen positiven Erzählungen das Attribut „migrantisch gelesen" fehlt. Berühmte Film- oder Romanfiguren, die schließlich einen großen

Teil unserer kulturellen Identität ausmachen, sind durchgehend weiß. Wann habt ihr das letzte Mal einen Blockbuster geschaut, in dem eine migrantisch gelesene Person die Hauptrolle spielt (und damit meine ich die Haupt-Hauptrolle und nicht den:die beste:n Freund:in der Hauptrolle), ohne dass das Thema des Blockbusters Ausländerfeindlichkeit, Getto-Dasein oder Bandenkriminalität war? Eben. Und trotzdem regen sich Menschen darüber auf, als ginge es um ihr Leben, dass jetzt die neue Amazon-Herr-Der-Ringe-Serie plötzlich mit People of Color (PoC) besetzt wird – wobei sogar hier der Großteil der Hauptfiguren weiß ist. Ich finde es eher extrem peinlich, dass es zuvor anscheinend keinem Menschen aufgefallen war (inklusive mir), wie unlogisch das eigentlich ist, dass in einer Fantasy-Welt alle Wesen weiß sein sollen, nur weil diese Fantasy-Welt von einem weißen Typen erfunden wurde. Das ergibt doch überhaupt keinen Sinn.

Dass Filmemacher:innen nun mehr und mehr versuchen, den Frame eines weißen Mittelerdes aufzuweichen, ist ein guter Anfang. Und für uns Nichtfilmemacher:innen überdies sehr bequem, denn wir müssen für ein Re-Framing nur ins Kino gehen. Dass das aber auf lange Sicht nicht reicht, ist klar. An dem Zimt-Beispiel merkt ihr den Clou bei der Änderung von Konzepten: Ich muss mein Verhalten ändern, um ein neues Konzept in meinem Kopf zu etablieren. Ich muss etwas anders machen, neue Gewohnheiten etablieren. Um SUV-Fahren nicht mehr nur mit

„bequem“ und „sicher“ zu verbinden, müssen wir vielleicht mal mit dem Fahrrad quer durch die Daimler-Stadt Stuttgart fahren, um am eigenen Leib zu spüren, wie gefährlich diese Dinger für alle außerhalb der SUV-Burg sind. Um Tofu mit „lecker“ zu assoziieren, müssen wir es halt ein paarmal essen, bis sich unsere Geschmackssinne darauf einstellen. Und um festzustellen, dass nicht jeder migrantische Mensch 24 Stunden am Tag mit einem Messer in der Hose herumläuft, könnten wir einfach mal bei der afghanischen Familie von nebenan klopfen und uns ein Päckchen Zucker oder so ausleihen. Mit der Zeit bildet dann unser Hirn eine neuronale „Zucker – netter Plausch – afghanisch“-Einheit.

Auch gendersensible Sprache zu benutzen ist einer dieser Handlungen, die Frames und Konzepte aufbrechen können. Es ist etwas, das wir aktiv tun können, um sämtliche Geschlechtskategorien neu zu framen. Diskriminierungssensible Sprache ist freilich keine Zauberformel, die alle Geschlechterrollen und konstruierten Zuschreibungen mit einem „Puff!“ auflöst. Aber sie ist ein entscheidendes Tool, um die Wechselwirkung von Sprache und Gesellschaft in die richtige Richtung zu lenken. Beides ist wichtig, es sind ganzheitliche (die Akademiker:innen unter euch würden sagen: holistische) Lösungen gefragt. Denn wie wir durch die „Embodied Cognition“ erfahren haben, sind unsere Erfahrungen mit der Welt grundlegend für unseren Spracherwerb und das Verstehen von Sprache.

Wir brauchen also auch Role-Models, die uns inspirieren. Denn je diverser unsere Gesellschaft wird, desto leichter wird es uns wiederum fallen, Geschlechterkonzepte in unserer Sprache aufzubrechen. Wir brauchen die Bäckerin und die Professorin für Elektrotechnik. Wir brauchen Inter*, die sagen „Wir sind auch da!“, und eine Gesellschaft, die ihnen erlaubt, Inter* zu sein, sichtbar und erfahrbar für alle. Wenn wir einer intergeschlechtlichen bzw. nicht binären Person gegenüberstehen, mit ihr interagieren oder über sie sprechen, müssen wir das wissen, damit wir sie nicht automatisch in eine weibliche oder männliche Kategorie einordnen, sondern unser Gehirn ein Konzept jenseits von männlich und weiblich aufbauen kann. Und wer weiß, vielleicht kommen wir irgendwann mit viel reduzierteren Geschlechterkonzepten aus, die unseren Alltag weniger bestimmen? Das ist das, wo Feminist:innen hinwollen.

Das eine ist also der Support für das andere. Sprache ist mächtig und beeinflusst unser Handeln und gleichzeitig beeinflusst unser Handeln unsere Sprache. Als Gesellschaft können wir beides nutzen, damit es sich gegenseitig bedingt. Dabei haben wir den Vorteil, dass wir unsere Sprache jederzeit ganz für uns selbst anpassen können. Schon das nächste Mal, wenn wir kommunizieren. Diese Sprachwandlung, die in dem Moment von uns ausgeht, hat sofort einen Effekt. Sie ruft auf der Stelle Konzepte in uns und in den anderen Personen wach, die wahrhaftig sind. Sprache ist ein Teil von uns allen – auch von Gehörlosen und Stummen übrigens.

Dabei können wir Metaphern oder Frames nicht vermeiden. Denn das geht, wie wir gelernt haben, nicht. Wir brauchen sie, um Sprache zu verstehen und um effizient Entscheidungen treffen zu können. Die gehören zu Sprache dazu. Es geht also vielmehr darum, dass wir entscheiden, welchen Frame wir wählen. Und das betrifft nicht nur geschlechtersensible Sprache. Das betrifft alle Formen von Diskriminierung. Es betrifft alle Menschen, die nicht in das Bild passen, das wir unser Leben lang gelernt haben. Eine muslimische Sprecherin der Tagesschau zum Beispiel. Eine jüdische Bundeskanzlerin. Ein weißer, deutsch gelesener cis Typ, der im Kaufhaus das Klo putzt.

Diese Vorstellungen werden uns immer weniger befremdlich vorkommen, wenn wir sie aktiv in unsere Sprache, Texte und Bilder einbauen.

Fazit: Also ja, Gendern ist tatsächlich eine Anstrengung. Wie Gewichte stemmen im Fitnessstudio. Nur im Gehirn. Beides macht nicht immer Spaß. Darum lasse ich persönlich das mit den Gewichten und dem Fitnessstudio auch bleiben. Das Tolle ist, dass wir beim Training unserer Gehirnzellen unsere eigenen Coach:innen sind. Wir brauchen nicht mal ein Abo oder eine Zehnerkarte dafür. Gendersensibel zu sprechen ist zu jedem Zeitpunkt von jedem Individuum alleine machbar und kann einen riesigen Effekt haben – für das Individuum selbst und für andere. It's real magic! Das kann dein Sixpack nicht, sag ich dir.

4.

„Auch Frauen gendern nicht“

Es passiert mir nicht oft, und in der Regel versuche ich, es zu vermeiden – aber ab und an schleichen sich Interviews, Podcasts oder Youtube-Filmchen in meinen Alltag, in denen sich weiblich gelesene Menschen gegen das Gendern aussprechen. Und damit meine ich nicht so rechten Birgit-Kelle-Gendergaga-Gaga, sondern etwas aus der berüchtigten Mitte der Gesellschaft. Zum Beispiel, wenn ich abends entspannt in der Küche stehe und Zwiebeln schnibble und im Hintergrund das Bamberger Studierendenradio „Uni-Vox" vor sich hinplätschert, weil Spotify denkt, ich will das hören, denn es geht in dieser Folge ums Gendern. Ein ganz harmloses und nettes Format mit genauso harmlosen und netten Studierenden. Fein, denk ich, das Leben ist schön.

Aber dann: Plötzlich halte ich im Zwiebelnschnibbeln inne und spitze die Ohren. Denn ich vernehme mehrere weiblich gelesene Stimmen, die im Uni-Vox-Radio verlauten lassen, dass sie sich nicht ausgeschlossen fühlen vom generischen Maskulinum. Und ich so: Atemnot. Herzstillstand. Ruft bitte wer die 112!

Es sind freilich sehr emotionale Momente für mich. Wenn ich das höre, empfinde ich eine Mischung aus Irritation und Fassungslosigkeit. Diese Momente lüften mich so richtig durch. Weil mir in diesen Momenten schmerzlich vor Augen gehalten wird, was für ein Nischendasein ich führe. Dass die wertschätzende, feministische Solidarität, an die ich mich so sehr gewöhnt habe, und der kraftgebende Aktivismus, der mich durch frustige Tage trägt, leider für die meisten Menschen so fremd und fern ist wie für Putin der Friedensnobelpreis. In meinem Job, in meinem Freund:innenkreis, in meinem politischen Aktivismus, ja sogar in meiner Familie wird gegendert. Oder sich zumindest bemüht, was ja auch schon super ist. Tatsächlich fällt es mir und vielen meinen Freund:innen eher auf, wenn jemensch *nicht* gendert. Dann herrscht kurz allgemeine Irritation im Raum. Dieser Podcast wie das „Uni-Vox" erscheint mir daher oft wie das Fenster zu einer anderen Zeit. Ein Backflash in die Neunziger, als auch noch so Mist wie das N-Wort in meinen Kinderbüchern stand. Leider aber ist die Aufnahme von 2018. Uiuiui. Wenn mir das dann innerhalb von Millisekunden bewusst wird, ist es dieses Bäm-Gefühl von: „Krass, es gibt doch noch so eine Welt dort draußen!" *So eine Welt,* die sich über das Ja oder Nein von gendersensibler Sprache echt noch Gedanken macht – anstatt sie einfach zu nutzen.

Wenn ich höre, dass weiblich gelesene Stimmen, die einfach so auf einem Campus interviewt werden, ohne dezidiert zum Anti-Gender-Außenrand zu gehören, mein Wissen, meine Gewohnheit und letztendlich auch mein Gefühl zu Sexismus in der Sprache als übertrieben abtun, tut mir das natürlich weh. Ich fühle mich dann wie vor den Kopf gestoßen, würde am liebsten die Zwiebel in die Spüle pfeffern, das Messer gleich hinterher und schreien: „LEUTE, FÜR WEN MACHE ICH DENN DIESEN SCHEIß HIER!!?" Aber das tue ich natürlich nicht. Und das Gefühl ist auch schnell wieder weg. Denn dann kommt ein anderes. Ein viel intensiveres: Wut. Der Grund dafür? Die männlich gelesene Stimme, die aus meiner Bluetooth-Box dröhnt und die Argumentation seiner Vorredner:innen als Erklärung dafür nimmt, warum er selbst nicht gendern muss. Klar. Logisch. Weil Frauen tun es ja auch nicht. Die meisten zumindest nicht. Wo ist dann das Problem? Die, die sich an unserer Sprache stören, haben halt einen Schaden. Und alle anderen sind klar im Kopf. Punkt.

Dann kann es passieren, dass eine Zwiebel durch die Küche fliegt – und das Messer hinterher. Mit klarem Kopf natürlich.

Kein Scherz

Noch eine lustige Anekdote zum Thema klare Köpfe. Wie viele lustige Dinge ist sie leider nicht nur lustig, sondern schmerzt auch. Folgendes: Die italienische Politikerin Laura Boldrini verfügte während ihrer Amtszeit als Präsidentin der Abgeordnetenkammer, dass alle weiblich besetzten Ministerialämter auch in der weiblichen Form benannt werden sollten. Also dass eine „Frau Ministerin" auch „Frau Ministerin" genannt wird und nicht „Frau Minister". Von der restlichen italienischen Regierung wurde sie dafür – ihr könnt es euch denken – EXTREM GEFEIERT UND SOGAR BEFÖRDERT!

Nein, Scherz.

Sie wurde als übergriffig, radikal und total maßlos degradiert.[33] Die Regierenden im italienischen Parlament kamen überhaupt nicht klar damit, dass eine Frau die Menschen in ihrem Umfeld als das benennen möchte, was sie sind. Nach dem nächsten Regierungswechsel änderten sie alle Bezeichnungen wieder in die männliche Form. Wo kämen wir denn da hin, wenn wir plötzlich die Dinge so bezeichnen würden, wie sie sind, und einen weiblichen Minister plötzlich Ministerin nennen würden und nicht mehr Minister? Das würde ja die gesamte Welt total verwirren, da käme ja niemensch drauf klar und es gibt ja ohnehin viel größere Probleme, darum betreiben wir einen enormen bürokratischen Aufwand und ändern das wieder und widmen uns dem, was wirklich wichtig ist.

Noch Milch und Zucker zum Kaffee?

Der Witz dabei: Die Idee, alles wieder in die männliche Form zu drehen, kam von WEIBLICHEN Mitgliedern der neuen Regierung. Ha! Denken jetzt vielleicht einige. Da habt ihrs! Die Frauen der neuen Regierung müssen es ja wissen, die sind klar im Kopf, diese Frauen … der Lega-Partei …

Die Lega-Partei ist eine Partei, die nicht nur ein Überlegenheitsgefühl gegenüber Migrant:innen, sondern auch gegenüber – ihrer Meinung nach – faulen und zurückgebliebenen Süditaliener:innen pflegt, deren Handeln von Verschwörungserzählungen geleitet wird und deren Einstellung gegenüber einem modernen italienischen Staat der deutscher Reichsbürger:innen gegenüber der BRD gleicht. In einer demokratischen Gesellschaft würde ich nicht einmal die Existenz einer Lega als legitim bezeichnen, ganz zu schweigen von ihren politischen Maßnahmen. Ganz egal welches Geschlecht die Personen haben, von denen diese ausgehen. Klar im Kopf ist keine:r von denen. Kein Mensch – und als Letztes ein Lega-Mitglied selbst – würde bestreiten, dass deren Ambitionen stark an patriarchalen Werten ausgerichtet und damit hochsexistisch sind.

Dieses Beispiel zeigt deutlich, was für ein wichtiges Politikum die strikte Ablehnung von gendergerechter Sprache für rechte, antidemokratische Kräfte ist. Frauen, die sich solcher Gruppierungen anschließen, werden mir für immer und ewig ein Rätsel bleiben. Wollen wir wirklich diese Frauen als Legitimation dafür sehen, Gendern abzulehnen? Ich würde eher sagen: Im Gegenteil. Das Beispiel aus Italien macht klar, dass die Entscheidung, gendergerechte Sprache zu nutzen, auch immer ein Einsatz gegen eine rechtspopulistische Gewalt ist. Und diese Gewalt ist nicht abstrakt, sondern sehr konkret. Sie hält mehr und mehr Einzug in europäische Parlamente und dehnt sich auch in Deutschland zunehmend aus.

Alles eine Frage der Perspektive

Das Beispiel aus Italien ist natürlich extrem. Aber davon auszugehen, dass eine Diskriminierung keine Diskriminierung mehr ist, nur weil sich nicht alle Betroffenen diskriminiert fühlen, ist ein klassisches Beispiel für ansozialisiertes Scheuklappendenken, von dem sich kaum ein Mensch in westlich sozialisierten Gesellschaften ausnehmen kann. Für das wir aber erst mal nichts können. Denn wir kommen nicht auf die Welt und haben alle Ungerechtigkeiten des gesamten Planeten auf dem Schirm.

Wir glauben noch an den Weihnachtsmann und erleben jede Autofahrt als ein Abenteuer. Erst später finden wir heraus, dass Ersteres eine Werbefigur eines ausbeuterischen Unternehmens ist und Letzteres die Umwelt zerstört. Wie schnell wir diese Dinge herausfinden, kommt natürlich auf unsere Umgebung an. Welche persönlichen Erfahrungen wir machen und ob die eigenen Bezugspersonen Worte und Erklärungen für diese Erfahrungen finden (#HebbianLearning).

So kommt es, dass kleine Ökokinder von Klimaschützer:innen das mit dem Autofahren und der Umweltzerstörung vermutlich recht früh in ihrem Leben mitbekommen. Hingegen nehmen die Sprösslinge von VW-Angestellten die Autoindustrie wohl eher als einen zentralen Sicherheitsfaktor in ihrem Leben wahr, der sie selbst und die Familie ernährt. Beide Kinder lernen richtige Dinge. An beidem ist erst mal nichts falsch. Es sind nur zwei verschiedene Perspektiven. Das bedeutet, dass beide Kinder sich gegenseitig Dinge erzählen können, die ein Gesamtbild ergeben (oder zumindest dazu beitragen, denn zwei Perspektiven ergeben selten ein Gesamtbild).

Dabei passiert etwas Großartiges: Das Klimaschützer:innen-Ökokind wird durch die Perspektive des VW-Kindes verstehen, warum sich kein:e Politiker:in traut, ein VW-Werk einfach zu schließen. Es lernt, dass Existenzen von enorm vielen Menschen an der Beständigkeit dieses Werks hängen, die schlichtweg Angst haben. Und das ist verständlich.

Das VW-Kind hingegen lernt vielleicht von dem Klimaschützer:innen-Ökokind, dass Arbeitslosigkeit oder Identitätsverlust durch Jobverlust zwar furchtbar, aber nicht das Ende der Welt ist. Die Klimakrise hingegen leider schon. Und das VW-Kind wird sich dadurch vielleicht nicht allzu sehr an den eigenen Eltern orientieren, was die Berufswahl angeht, sondern einen eigenen Weg finden, der mehr Zukunft hat. (Oder noch besser: Es wird sich organisieren und durch seine Erfahrungen Ideen und Konzepte entwickeln, wie das VW-Werk selbstorganisiert und klimafreundlich mit der Herstellung anderer Produkte weiterbetrieben werden kann.)

So haben wir alle unsere dunklen Flecken in der Welt. Manche verschwinden mit der Zeit von alleine. Dass es den Weihnachtsmann nicht gibt, bekommen wir früher oder später alle mit (und das entsprechende Trauma gleich dazu (vor allem wenn wir feststellen müssen, dass die muslimische beste Freundin schon immer wusste, das er ein US-kapitalistischer Fake ist, uns aber nichts gesagt hat. *Hmpf*)). Und von den meisten dunklen Flecken wissen wir wahrscheinlich nicht einmal, dass sie existieren. Wir werden nicht als Feminist:innen geboren. Wir werden dazu gemacht. Ihr werdet es nicht glauben, aber ich fand Gendern auch lange doof. Und total übertrieben. „Was regen die sich denn so auf?", dachte ich. „Ist doch okay, wie es ist." Und jetzt rege ich mich selbst auf. Weil mich diverse Erfahrungen im Laufe meines Lebens zur Feministin gemacht haben. Und das nicht plötzlich von heute auf morgen. Aber wenn eine Grundlage mal geschaffen ist, geht der Rest ziemlich zügig. Vielleicht kennt ihr das. Wenn mal ein Türchen zu einer neuen Perspektive einen Spalt offen steht, ihr erst mal nur mit einem Auge hindurchlugt, ist das komplette Aufstoßen der Tür gar kein großes Ding mehr. Weil sich neue Zellverbindungen in unserem Gehirn gebildet haben, die es uns erleichtern, häufiger durch dieselbe Tür zu gucken. Die Neugierde erledigt dann den Rest. Irgendwann wollen wir den Raum hinter der Tür im 380-Grad-Modus sehen und in alle Ecken schauen können.

Diese Tür zu finden kann aber echt lange dauern. Das stimmt. Selbst als ich für mehrere Monate mit weniger als 40 Kilo auf den Rippen in einer psychosomatischen Klinik festsaß, weil ich über mehrere Jahre hinweg täglich mein Essen ausgekotzt habe und Sport bis zum Umfallen betrieben habe, war ich mir sicher, dass das ganz allein nur was mit mir persönlich zu tun haben kann. Obwohl wir auf dieser speziellen Klinikstation für Essgestörte alle weiblich sozialisierte Menschen waren. Alle. Von männlich sozialisierten Menschen mit Essstörung hatten wir mal gehört, ja, irgendwo im Fernsehen. Aber gesehen hatte ich in meiner mehrjährigen Therapiezeit nur einen einzigen. Trotzdem behandelte ich das in meinem Kopf wie eine Grippe oder einen Beinbruch oder Läuse. Kann jede:r mal haben. Normen und gesellschaftliche Ansprüche? Pah! Ich war als Teenie mit grünem Iro, Springerstiefeln und löchriger Jeans vor dem Yorma's in der Stuttgarter Klettpassage rumgehangen, habe Bier getrunken und grauenvolle Songs mitgegrölt, ganz egal, ob sich Passant:innen davon gestört fühlten oder nicht. Ich war Punk. Ich habe auf Normen und gesellschaftliche Ansprüche geschissen. Dachte ich.

Bei aller Rebellion gegen die Gesellschaft und die Grausamkeit der Welt habe ich trotzdem in gesamtgesellschaftlichen Mustern gelebt. So wie alle anderen auch. Denn der Ausbruch aus diesen Mustern ist komplizierter als gedacht. Zum Beispiel war ich davon überzeugt, dass das muslimische Kopftuch etwas Schlechtes ist, weil es Frauen unterdrückt. Ich hatte keine Ahnung davon, dass es auch feministische Muslima gibt und dass Muslima aus den unterschiedlichsten Gründen Kopftuch tragen können. Genauso habe ich Schwarze Menschen genau wie jeder andere Depp gefragt, wo sie denn herkämen, ohne eine Antwort wie „Köln“ zu akzeptieren. „Wo kommst du *eigentlich* her?“ So eine banale Frage. Ist doch nett, dachte ich immer. Ein gut gemeinter Einstieg in einen unverfänglichen Small Talk. Ich hielt mich für wahnsinnig links, antirassistisch und weltoffen und habe überhaupt nicht gecheckt, wie diskriminierend ich mich tagtäglich verhalte. Und noch mehr: Ich habe nicht einmal die Diskriminierung gemerkt, der ich selbst ausgesetzt war.

Dass über 33 Prozent aller Mädchen, aber nur rund 12 Prozent aller Jungen, von Essstörung betroffen sind, ist kein Zufall.[34] Das weiß ich jetzt. Und ich weiß jetzt auch, dass ein Kopftuch nicht nur ein Symbol der Unterdrückung sein kann, sondern auch ein Symbol der Selbstermächtigung. Und ich weiß jetzt auch, dass Tausende Afrodeutsche und deutsche Migrant:innenkinder so was von genervt davon sind, ständig zu Beginn eines Gesprächs gefragt zu werden, wo sie herkommen. Weil unsere rassistisch gepolten Gehirne nicht auf Kette kriegen, dass auch Afros und die Kinder (oder Enkel:innen, oder Urenkel:innen) von Türk:innen deutsch sein können. Das alles weiß ich jetzt. Und so viel mehr liegt immer noch in dunklen Ecken hinter verschlossenen Türen verborgen.

Abgesehen von der Sozialisation sind es natürlich auch Charakterzüge, die dafür sorgen, dass sich manche Menschen mehr über bestimmte Um- und Zustände empören als andere. Wenn sie dann aber erst da ist, die Empörung, stoßen wir oft auf unfassbar viel Gegenwehr und Ignoranz, die unsere Empörung erst recht weiter antreiben. Wie eine ölige Welle, die versucht, ein Feuer zu löschen, und es dabei nur heller zum Brennen bringt. Wenn wir einmal angefangen haben, in gewisse Räume zu schauen, sehen wir plötzlich immer mehr Türen und die Empörung über die Zustände der Realität wächst ins Unermessliche.

Aber dafür müssen wir einmal irgendwo anfangen. Wieso klappt es bei den einen besser als bei den anderen? Wieso stören sich manche Menschen am generischen Maskulinum und andere nicht? Wieso empören sich die einen genug, um aktiv zu werden, während der Rest ihrem Kampf nur zuschaut, ihn boykottiert oder sogar blockiert? Die Aktivistin und Autorin Kübra Gümüşay findet für das Phänomen sehr treffende Worte:

„Vielleicht kann sich ein Mensch, der noch nie gegen eine Mauer gelaufen, der noch nie hart auf den Boden der Machtlosigkeit, des Kontrollverlusts, der Demütigung, der Einsamkeit oder der Sprachlosigkeit geschlagen ist, vielleicht kann so ein Mensch sich die Mauern, die sich tatsächlich durch unsere Gesellschaft ziehen, gar nicht vorstellen. Vielleicht läuft dieser Mensch neben einer solchen Mauer entlang, ohne sie auch nur zu spüren."[35]

Es gibt sehr, sehr viele Frauen, die an Anorexie leiden und sich nicht vollständig des Zusammenhangs dieser Krankheit mit sexistischen Normen bewusst sind. Normen, die einer weiblich sozialisierten Person vorschreiben, wie sie auszusehen hat, wie sie sich zu verhalten hat, sogar wie sie zu denken hat und dass sie verdammt noch mal perfekt zu sein hat, um ein Recht auf dieses Leben zu haben. Auf der anderen Seite werde ich als Atheistin niemals nachvollziehen können, wieso sich eine Frau freiwillig ein Kopftuch anzieht oder sich freiwillig einer monotheistischen Religion verschreibt. Die Erfahrungen dieser Frauen und das Umfeld, in dem sie diese Erfahrungen gemacht haben, spielen sich in Räumen ab, zu denen ich als links sozialisierte weiße Deutsche wohl niemals Zugang bekommen kann, ganz egal, wie dolle ich auch an der Tür rüttle. Und ja, es gibt selbstverständlich auch People of Colour, die sich freuen, über ihre Herkunft zu sprechen, beziehungsweise fragen auch migrantisch gelesene Menschen andere nach ihrer Herkunft. Das ändert aber nichts an der Tatsache, dass der Grund, warum wir diese Frage stellen, rassistisch motiviert ist – auch wenn wir das nicht merken oder sogar das Gegenteil meinen und eigentlich nur nett sein wollen.

Was ich damit sagen will: Diskriminierung ist etwas, das nicht offen und gut sichtbar an der Krankenhaustür klebt, wenn wir schleimig und kreischend auf diese kalte Welt ploppen. Sie ist sehr subtil, vielschichtig und der Umgang mit ihr echtes Training, vor allem, weil die verschiedenen Diskriminierungsformen oft so unterschiedlich funktionieren. Manchmal ist ein Kopftuch Ausdruck einer Diskriminierung und manchmal nicht. Manchmal spricht ein Mensch gerne über seine Herkunft, aber die Frage danach kann trotzdem rassistisch sein. Und manchmal stecken weiblich sozialisierte Menschen bis zum Hals im sexistischen Sumpf und merken es nicht einmal. Diskriminierungsformen erfahren, erlernen und erkennen wir oftmals erst im Laufe unserer Sozialisation. Je nachdem, wie wir sozialisiert werden, welche persönlichen Erfahrungen wir machen und welches Wissen unsere Bezugspersonen uns mitgeben, lernen wir schneller oder langsamer. Im blödesten Fall lernen wir auch gar nicht. Damit dieser blödeste Fall nicht eintritt, gibt es dieses Buch.

Anfang und kein Ende demokratischer Prozesse

Zum Glück wurden im Laufe der letzten Jahrhunderte bereits viele Türen durchschritten und viele neue Perspektiven-Räume ausgeleuchtet. Aber die Tür zur Gendern-Perspektive scheint für viele noch zugemauert und nicht sichtbar zu sein. Und das ist nachvollziehbar. Denn wir nutzen Sprache alle mehr oder weniger aus demselben Grund: um uns zu verständigen. Weil wir als isoliertes

Objekt, das mit keinem anderen menschlichen Objekt kommuniziert (also auch nicht in Gebärden oder in anderen Formen von nonverbalen Sprachen), nicht überlebensfähig sind. Sprache ist so zentral für unser Sozialverhalten wie kaum ein anderes Element. Daher ist es irgendwie verständlich, dass wir uns stark mit unserer Sprache identifizieren und sie auch als Schutz- und Wohlfühlraum wahrnehmen, den es zu verteidigen gilt. Es ist logisch, dass die wenigsten von uns das Bedürfnis haben, nach neuen Türen Ausschau zu halten, die uns zu neuen Perspektiven führen – und uns damit aus unserem Wohlfühlraum kicken. Plumps, schon wieder in einer neuen kalten Welt gelandet, in der wir uns erst zurechtfinden müssen. Zwar meistens in Klamotten und nicht nackt und trocken ohne Uterus-Schleim von Kopf bis Fuß, und wie am Spieß kreischen tun wir dabei auch selten, aber unangenehm finden wir diese Vorstellung allemal. Und das gilt auch, wenn dieser Wohlfühlraum eigentlich ziemlich ungut für uns ist. Oder für andere. Das ist crazy, das ist wirklich total egal. Hauptsache, wir haben uns eingerichtet und unseren Platz gefunden.

Daher ist es einleuchtend, dass es Frauen gibt, die Gendern übertrieben finden. Es gibt auch Frauen, die Feminismus an sich übertrieben finden. Das ist kein neues Phänomen. Um 1900 gab es auch Frauen, die das Wahlrecht für Frauen übertrieben fanden und die mit einem eigenen Bankkonto total überfordert waren. Oft, weil sie halt kein Geld hatten, das sie darauf einzahlen konnten. Die Gruppe an Frauen, die uns in Europa das Wahlrecht erkämpft hat, oder auch die Gruppe an Menschen, die die Abschaffung von Sklaverei in amerikanischen US-Staaten erkämpft hat, war zu Beginn eben nichts anderes: eine Gruppe. Eine verhältnismäßig kleine Gruppe, die eine Ausbreitung dieser Ideen in die gesamte Gesellschaft bewirkt hat – und dabei krassen Gegenwind erfahren musste. Sie wurden beleidigt, körperlich angegriffen, eingesperrt, mit Elektroschocks behandelt, ermordet und als Utopist:innen verschrien, die lächerliche bis wahnwitzige Vorstellungen vertreten würden. Heute sind ihre Vorstellungen elementare Grundlagen unseres moralischen Verständnisses. Sklaverei? Barbarisch! Frauen von Wahlen ausschließen? Voll 19. Jahrhundert!

Der Punkt ist, dass diese Prozesse ja nicht stehen bleiben. Die Gleichberechtigung der Frau wurde nicht mit dem Erkämpfen ihres Wahlrechts erreicht oder dadurch, dass sie ein eigenes Bankkonto eröffnen darf. Und auch nicht – wie oft gerne argumentiert wird – mit dem Einzug der Gleichberechtigung in unser Grundgesetz, diesem viel gepriesenen Artikel 3, Absatz 2: „Männer und Frauen sind gleichberechtigt." So, eingetütet, einmal in die Hände geklatscht und zufrieden in die Runde geschaut: What next?

Ich sag euch, what next: Als Nächstes kommt die Umsetzung des Ganzen. Ja, sorry, mit dem Drucken eines Satzes in ein Buch ist es halt nicht getan. Und wie ihr seht, ging der Prozess von Gleichberechtigung, Emanzipation und dem grundlegenden Erkämpfen von Menschenrechten immer – wirklich immer – von einer kleinen Gruppe aus. Und diese Gruppe Feminist:innen, die sich heute für so Unerhörtes wie Auflösung der Gender-Binarität und Gleichberechtigung in der Sprache einsetzen, werden als Ideolog:innen beschimpft und daher als unglaubwürdig abgetan. Ungefähr so:

„Ich kann Gendern nicht ernst nehmen, weil das ist ja nur die Meinung einer kleinen radikalen Gruppe. Einer Gruppe von Menschen, die von Sexismus betroffen sind und sich daher mehr als andere mit Lösungen dieser Ungerechtigkeit auseinandergesetzt haben.“

Fällt euch was auf?

Frage: Hat es nicht etwas sehr Sinnvolles, wenn eine (Rand-)Gruppe von Menschen, die sich die Mühe gemacht hat, sich intensiv mit einer Schieflage in der Gesellschaft auseinanderzusetzen (was obendrein alles andere als bequem ist und selten Spaß macht), den Rest der Gesellschaft auf einen massiven Fehler im System hinweist, der für viele Menschen (in diesem Fall mehr als die Hälfte, by the way) richtig kacke ist? Und diese Gruppe diesen Fehler auch noch an der Wurzel angehen und grundlegend verändern will – denn „radikal“ kommt von lateinisch „Radix“, was einfach nur „Wurzel“ bedeutet. Ist das nicht ein entscheidender Mechanismus, damit Demokratie funktioniert? Ist das nicht ein entscheidender Mechanismus, damit wir nicht alle wie die letzten Trottel verloren und hilflos in unseren begrenzten Erfahrungsräumen herumtapsen, ohne die Tür zum Nachbarraum zu finden?

Oder um es kurz und prägnant mit den Worten eines Pink-Stinks-Aufklebers zu sagen: *The Problem is not that I see sexism everywhere. The Problem is that you don't.*

Wahrheit oder Glaube

In seinen Büchern „Eine kurze Geschichte der Menschheit“ und dem Folgebuch „Homo Deus – Eine Geschichte von Morgen“ beschreibt der Historiker Yuval Noah Harari, wie wir Homo sapiens uns über Jahrhunderte oder wahrscheinlich über Jahrtausende mit Geschichten die Welt erklärt haben. Ganz verrückte Geschichten von Göttern und Himmel und Hölle und dem Fegefeuer und einem Paradies. Die Menschen entwickelten Religionen, um Antworten auf Fragen zu finden, die sie sich nicht erklären konnten. Und das war auch total logisch. Für die Menschen damals waren Gott, seine Fähigkeiten und die Geschichten in den verschiedenen heiligen Schriften wahr. Ganz einfach, weil sie daran geglaubt haben. Sie mussten daran glauben, weil sie es damals noch nicht besser wussten. Später kamen die Natur- und Geisteswissenschaften hinzu und haben die Dinge auf andere Weise erklärt. Das Neue daran: Wissenschaft funktioniert auch, wenn wir nicht daran glauben. Einen Ablassbrief zu kaufen, ergibt nur dann Sinn für mich, wenn ich an die Hölle glaube. Aber nehmen wir mal an, ich würde nicht an die Schwerkraft glauben. Tja, Pech gehabt. Sie ist trotzdem da. Wenn wir nicht daran glauben, uns im Juni beim ersten Sonnenbaden am Wannsee eincremen zu müssen, kriegen wir trotzdem einen Sonnenbrand – wegen der UV-Strahlen. Ich bin keine Physikerin oder Astronomin und habe keine Ahnung, was UV-Strahlen machen, aber den Sonnenbrand hab ich trotzdem gekriegt (und daran gelitten und daraus gelernt).

Mit Diskriminierung verhält es sich ganz ähnlich. Sie existiert auch, wenn wir nicht daran glauben. Oder anders gesagt: Sie existiert auch, wenn wir uns nicht von ihr gestört fühlen. Ganz egal, ob ich betroffen bin oder nicht. Aus wissenschaftlicher Sicht ist das generische Maskulinum eindeutig sexistisch. Daran gibt es nichts zu rütteln. Ob sich eine Frau davon diskriminiert fühlt oder nicht, ändert daran nichts.

Das erinnert mich auch an das, was die Autorin und Juristin Emilia Roig gesagt hat:

„Es geht nicht nur um eine Empfindlichkeit von […] Menschen, sondern um ein System, das aufgebrochen werden muss.“[36]

Der Kampf um Sprache stellt für sie ein wichtiges Instrument gegen diskriminierende Konzepte dar. Und zwar, weil Sprache nicht nur etwas ist, das auf der individuellen Ebene stattfindet. In all diesen diskriminierenden Wörtern – wie das N-Wort oder das Z-Wort oder generische maskuline Wortformen – steckt ein System. Gendern ist nicht wichtig, weil einzelne Frauen oder Non-Binaries das als persönliche Beleidigung empfinden oder sich verletzt fühlen oder so. Vielmehr wirkt sich Sprache nicht nur auf die individuelle Ebene aus, sondern auch auf alle anderen Ebenen, in denen sich Diskriminierung bewegt.

Wenn eine Frau also sagt, dass sie sich vom generischen Maskulinum nicht diskriminiert fühlt, dann mag das so sein. Dann haben ihre bisherigen Erfahrungen und ihr Weltwissen sie nicht an diesen Punkt gebracht. For now. Schön für sie. Aber nur weil es Frauen gibt, die sich nicht am generischen Maskulinum stören, ändert das nichts an der Tatsache, dass das generische Maskulinum Teil eines grausamen Systems ist, das Frauen als Menschen zweiter Klasse (und TINA* als überhaupt nicht existent) einstuft. Dessen Abschaffungsprozess hat zwar schon begonnen, ist aber noch längst nicht abgeschlossen. Wenn wir das erst mal verstanden haben, ist der Schritt durch die Tür nicht mehr weit.

5.

„Gendern stört den Lese-fluss"

Da du schon beim fünften Kapitel angekommen bist, kann es ja nicht so schlimm sein. (Wenn du geschummelt hast, dann fange bitte am Anfang an.)

6.

„Gibt es nicht größere Probleme?"

Das wüsste ich auch gerne. Ehrlich gesagt verstehe ich nicht so ganz, was Leute mit diesem Argument meinen. Ich lese es oft in Social-Media-Kommentaren und es wird auch in dem bereits erwähnten Podcast der Uni Bamberg genannt. Gibt es nicht größere Probleme? Hm. Größer als was jetzt genau? Eine rechte, queerfeminismusfeindliche Autorin meinte zum Thema Gendern mal: „Das einzig Gute an solchen Initiativen ist ja: Es muss unserem Land wirklich gut gehen, wenn wir die Zeit und das Geld haben, uns mit solchem Schwachsinn zu beschäftigen.“[37]

Das klingt so, als wäre gendersensible Sprache ein Produkt der Langeweile. Nach dem Motto: Mir geht es superduper und ich habe nichts zu tun. Was könnte ich also machen? Au ja! Ich denke mir ein neues Problem aus *Party-Smiley*. Ich mache mich bei einem Großteil meiner Sprach-Community mit sinnlosem „Schwachsinn“ unbeliebt, das wird sicher toll und macht bestimmt Spaß.

Klar. Ganz toll. Super spaßig.

Ich möchte nicht allen Menschen, die mit „größeren Problemen“ argumentieren, unterstellen, dass sie gendersensible Sprache grundsätzlich als „Schwachsinn“ abtun. Nein. Ich glaube an das Gute im Menschen. Ich will Kritiker:innen und Wankelmütigen wohlwollend begegnen und unterstelle ihnen, dass sie mit „größeren Problem“ wahrscheinlich eines dieser zwei Dinge meinen:

Erstens: Es gibt größere Probleme als Sexismus. Zweitens:

Frauen, Inter*, Trans*, Agender und Non-Binaries haben mit Struggles zu kämpfen, die schwerer wiegen als das generische Maskulinum.

Und da dieses Kapitel nicht nach diesem Satz auf dieser Seite endet, kannst du dir vielleicht vorstellen, dass ich zu beiden dieser Thesen etwas zu sagen habe. Denn wir haben es hier mit zwei Suggestivfragen zu tun. Das heißt, es sind keine echten Fragen, sondern eher Feststellungen. In diesem Fall: Ja, es GIBT größere Probleme. Das will die Person damit sagen. Es gäbe größere Probleme als den Sexismus oder größere Probleme für von Sexismus Betroffene als das generische Maskulinum.

Vielleicht bin ich ein winzigkleinesbisschen voreingenommen, aber für mich klingt das auch so, als würde der feministischen Linguistik damit unterstellt, dass sie gendergerechte Sprache zum alleinigen und einzig wahren Werkzeug gegen Diskriminierung und Krisen erkoren hätte. Tzz-tzz. Dazu fällt mir nur eins ein: Der trötende „Njöööööööt"-Sound eines roten Buzzer-Knopfs und ein Showmaster à la Thomas Gottschalk, der mit dem Finger auf dich zeigt, seine gebleachten Zähne aufblitzen lässt und ruft: „Falsch!" Und dann erklingt vom Publikum aus dem Off ein enttäuschtes „Ooooohhhh ..." im Chor. Ja, das ist die traurige Wahrheit. Gendersensible Sprache ist nur eine Stellschraube von vielen. Und – stellt euch vor! – das wissen auch Vertreter:innen der feministischen Linguistik. Joa, da schau her!

Aber wir waren ja bei den Problemen. Diesen großen Probleme. Keine Sorge, ich will nicht ablenken oder drum herumreden. Da wir jetzt wissen, dass Gendern nicht die alleinige Lösung für alles ist und das auch nie irgendwer behauptet hat, können wir uns diese Probleme getrost anschauen.

Erstens: Gibt es größere Probleme als Sexismus?

Keine Ahnung. Sorry, ist das enttäuschend? Das kann ich leider wirklich nicht sagen. Das kann niemensch wirklich sagen. Wie auch? Als würde ich oder irgendwer sonst über alle Probleme dieser Welt Bescheid wissen und in ihrem Kern nachvollziehen können. Es gibt allerdings ein paar Probleme, die sind so omnipräsent und in diesem Zeitalter so dringlich, dass sie nicht übergangen werden können. Die Klimakrise zum Beispiel. Oder Rechtsextremismus und eine AfD im Bundestag. Die anhaltende Ausbeutung ehemals kolonialisierter Länder, Kapitalismus, Diktaturen, der Nahostkonflikt, Terrorismus, Hunger und Armut. Die Liste ist lang. Das sind alles Riesenprobleme, stimmt. Und ich gebe zu: Wie gendersensible Sprache jetzt konkret zur Lösung des Nahostkonflikts beitragen soll, weiß ich auch nicht.

Viele dieser Probleme haben eines gemeinsam: Die meisten von uns, die im behaglichen Wohlstand aufgewachsenen Westeuropäer:innen, kennen ihre zerstörerischen, tödlichen Folgen nur aus der Tagesschau oder Twitter. Und von einigen dieser Probleme profitieren wir sogar. Zum Beispiel von der anhaltenden Ausbeutung ehemals kolonialisierter Länder, aka dem Kapitalismus. Dank ihm geht es uns verglichen mit anderen Orten auf dieser Welt verdammt gut. Wir leben in einem der wirtschaftsmächtigsten Länder dieser Welt, mit einer der geringsten Arbeitslosenquoten der Welt, mit einer der besten sozialen und medizinischen Versorgungen der Welt und einem ziemlich stabilen Bildungswesen. Und jetzt Obacht: Das alles werte ich als Argument FÜR den Gebrauch gendersensibler Sprache.

Eure Probleme, unsere Privilegien

Als westeuropäisches Land leben wir einen Lebensstandard, für den andere Menschen ihr Leben aufs Spiel setzen. Für diesen unseren Lebensstandard gehen Menschen das Risiko ein, im Mittelmeer zu ertrinken oder an der südöstlichen EU-Grenze erschossen zu werden. Und klar: Viele dieser Menschen wird es einen Scheißdreck kümmern, welches politisch korrekte Genus sie für die Person in Uniform nun benutzen sollen, die sie auf der anderen Seite des NATO-Zauns mit einer Waffe bedroht – das ist verständlich. Vor allem, wenn wir bedenken, dass wir westeuropäische Feminist:innen, die Debatten über diskriminierungsfreie Sprache führen, die Fluchtursachen der geflüchteten Person sehr wahrscheinlich mitzuverantworten haben. Sei es durch unseren unverhältnismäßig hohen CO_2-Ausstoß, der am anderen Ende der Welt Dürren und Stürme verursacht und Menschen ihrer Lebensgrundlagen beraubt. Oder sei es durch die Rassentheorien, die unvergessene Männer wie Emanuel Kant und Martin Luther so unverblümt auf Papier geschissen haben, ehrgeizig darin bemüht, eine moralische Rechtfertigung für die Gräueltaten in den europäischen Kolonien zu rechtfertigen. Oder sei es durch ebendiese Kolonialisierung, die eine ideale Grundlage für ein ausbeuterisches Wirtschaftssystem bot, das die ehemaligen kolonialisierten Länder bis heute zu unserem Vorteil politisch und wirtschaftlich schwach hält.

Ein Beispiel: Kriege werden vor allem geführt, um den Zugang zu Rohstoffen sicherzustellen. Öl zum Beispiel. Alle wollen Öl. Es wird gebraucht, um unsere Wohnungen zu heizen, unsere Autos zu fahren und um fast jeden Gegenstand, den wir den Tag über so anfassen, zu produzieren. Ja, auch das Buch, das du in der Hand hältst, bzw. den E-Reader, Tablet oder Wasauchimmer. Kurzum: Wir brauchen Rohstoffe, um zu produzieren, um Märkte zu bespielen und letztendlich dafür, dass unsere Wirtschaft sauber läuft und mehr Kapital angehäuft werden kann. Und dafür führen unsere Regierungen Krieg.

Anderes Beispiel: Der menschengemachte Klimawandel konnte nur diese Ausmaße annehmen, weil die kapitalistische Idee von endlosem Wachstum unsere planetaren Grenzen nicht respektiert. Aus diesem Grund werden Böden ausgelaugt, Wälder gerodet und Ökosysteme zerstört ohne an die Folgen für die Menschen, Tiere und Pflanzenwelt vor Ort zu denken, weil der Kapitalismus unserer Wirtschaft das endlose Wachstum diktiert. Hunger und Flucht sind die Folgen dieser Zerstörung. Wir können sagen, dass der Kapitalismus der Höhepunkt menschlicher zerstörerischer Ideen ist, damit ein Teil der Welt in Wohlstand leben kann.

Durch all das tragen wir eine Mitverantwortung für die Lebensbedingungen der Menschen, die aus ihrer Heimat fliehen müssen, die in krasser Armut leben oder Opfer von Terrorismus und Kriegsgewalt werden. Dazu sei gesagt, dass ich mit „Verantwortung“ nicht „Schuld“ meine. Du bist nicht schuld am Kolonialismus oder der haltlosen Entwicklung des Kapitalismus. Du nicht, dein Papa nicht und auch nicht der AfD-Vollpfosten von nebenan. Aber wir profitieren davon. Bis heute.

Das Mindeste, um unserer Verantwortung gerecht zu werden, ist, ihr einen sprachlichen Ausdruck zu verleihen. Denn wie wir im zweiten Kapitel zur Hyperkognition gelernt haben, können wir keine Lösungen für Probleme finden, wenn wir die Probleme nicht sprachlich ausdrücken. Weil das Problem dann in unserem Gehirn schlichtweg nicht existiert.

Also ja: Es gibt Probleme, die sind grausamer, zerstörerischer und tödlicher als das generische Maskulinum. Mit Sprache wurde bisher nur im übertragenen Sinne getötet. (Soweit ich weiß, außer Harry Potter und seine Friends existieren wirklich.) Wenn wir allerdings über die großen Krisen unserer Welt sprechen, dann ist für ziemlich alle eine klare Hauptursache auszumachen: der Kapitalismus. Und der Kapitalismus ist ein Kind des Patriarchats. Im Vergleich zum Patriarchat ist der Kapitalismus ein süßes kleines Nesthäkchen, das noch Windeln trägt und beim Essen kleckert. Darum hängt das Patriarchat in jeder der Krisen mit drin, die wir heute bekämpfen. Untrennbar und endgültig.

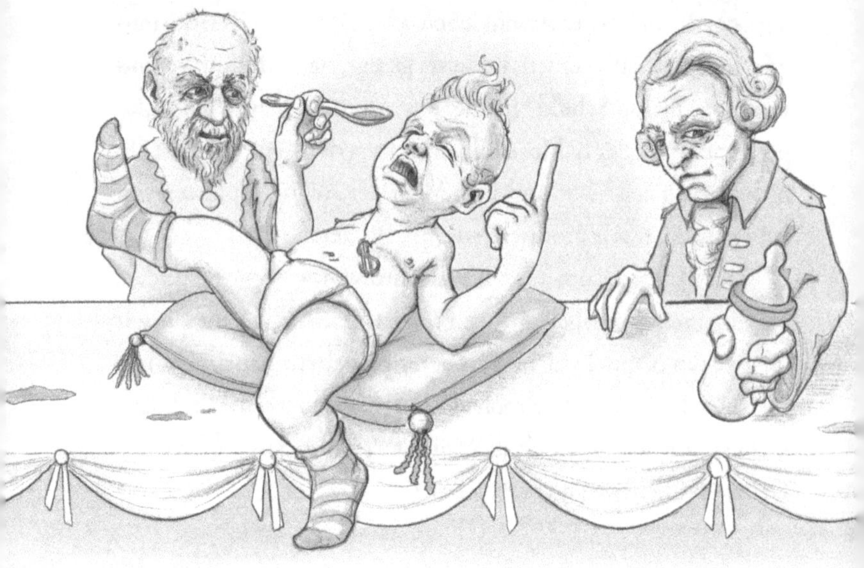

Patriarchat und Kapitalismus

Genauso wie die Rassentheorien notwendig waren, damit der globale Norden den globalen Süden ausbeuten und versklaven kann, braucht es das Patriarchat, damit die Ausbeutung von Frauen funktioniert. Darum spielt das Patriarchat für den Kapitalismus eine entscheidende Rolle. Es ist neben dem Rassismus sein größter Stützpfeiler. Denn er sorgt dafür, dass ein Großteil der Arbeit, die Menschen zur Selbsterhaltung verrichten müssen, kostenlos verrichtet wird: die Reproduktionsarbeit. Damit ist Sorge- und Pflegearbeit gemeint, bzw. die Aufrechterhaltung der menschlichen Funktionalität. Essen, saubere Kleidung, hygienische Klos, die Produktion neuer Menschen. Denn der Kapitalismus braucht Arbeiter:innen, die Knete für Unternehmen produzieren. In der heutigen Zeit heißt das vor allem: Technologien entwickeln, die dann die Knete für die Unternehmen produzieren. Auf der anderen Seite braucht der Kapitalismus Konsument:innen, die Geld ausgeben. Und zwar immer mehr Konsument:innen, die immer mehr Geld ausgeben. Zusätzlich brauchen diese Arbeiter:innen und Konsument:innen andere Arbeiter:innen und Konsument:innen, die sicherstellen, dass sie selbst funktionieren. Das heißt, dass sie zu essen bekommen, dass ihre Umgebung sauber ist, dass sie gepflegt werden, wenn sie krank sind, und natürlich auch, dass neue Arbeiter:innen und Konsument:innen nachrücken, wenn sie selbst tot sind, also, dass Kinder geboren werden. All diese Jobs wurden im Laufe der Jahrtausende mehr und mehr den Frauen zugeschoben. Die Abwertung von Weiblichkeit in der bestehenden patriarchalen Gesellschaft sorgte dafür, dass die Frauen für ihre Arbeit freilich nicht bezahlt wurden. Die Folge war die totale finanzielle Abhängigkeit vom Mann. Ein neues Menschenprodukt war geboren: die Hausfrau. Die später auch Hitler richtig gut fand.

Doch Armut und die Sicherstellung eines gewissen Lebensstandards führen dazu, dass weiblich sozialisierte Menschen neben der Verrichtung kostenloser Care-Arbeit zusätzlich noch lohnarbeiten müssen, sprich: Geld verdienen. Zu Beginn der Industrialisierung geschah das zum großen Ärgernis der Fachhandwerker, denn Frauen waren (und sind es bis heute) die billigere Arbeitskraft, genauso wie Kinder. Ende des 20. Jahrhunderts wurden Kinder und Frauen vermehrt angestellt, um maschinelle Herstellungsverfahren zu etablieren, die viel günstiger waren als die traditionelle Handwerksarbeit. Die Serienproduktion ersetzte das traditionelle Handwerk, nicht zuletzt wegen der niedrigen Löhne, die Frauen und Kindern bezahlt wurden, was die Herstellung billiger machte.

Diese Entwicklung brachte viele Handwerker auf die Barrikaden. Zum Beispiel sabotierte die Bewegung der Maschinenstürmer systematisch Produktionsstätten mit neuartigen Maschinen, die Serienproduktion ermöglichten. Allerdings nicht aus Solidarität zu den unterbezahlten Kindern und Frauen, sondern weil sie aufgrund dieser neuen Entwicklung ihre Werkstätten, Webereien und Gießereien schließen mussten. Sie empfanden es nicht als ungerecht, dass Frauen so schlecht bezahlt wurden, sondern dass sie überhaupt bezahlt wurden und damit neue Herstellungsmethoden möglich waren. So waren mehrere Berufe, die heute als typische Frauenberufe gelten, vor hundert Jahren noch vorwiegend von Männern besetzt, bis Frauen als billige Arbeitskräfte entdeckt wurden. Textilarbeiterinnen oder Sekretärinnen zum Beispiel. Andersherum wurden prestigeträchtige Arbeiten, die heute als typisch männlich gelten, von Frauen gewuppt. Die Finanzverwaltung eines Haushalts zum Beispiel – oder Bierbrauen. Die meisten Fässer in mittelalterlichen Wirtshäusern wurden von Bierbrauerinnen gefüllt, das war eine weiblich dominierte Domäne.[38]

Heute zettelt kein Arbeiter mehr eine Rebellion wegen der billigen Arbeitskraft „Frau" an. Grund dafür ist, dass sich mittlerweile geschlechtstypische Branchen herausgebildet haben, die sich vor allem in einem unterscheiden: Prestige und Bezahlung. Und unterm Strich haben die wenigsten Männer Lust, die Jobs zu übernehmen, die überwiegend Frauen ausüben, weil sie in beidem (Prestige und Bezahlung) ziemlich mies abschneiden. Was sich durch die Jahrhunderte zieht, ist, dass Frauen pflegerische Arbeit verrichten. Noch heute verbringen Frauen im Durchschnitt 1,27 Stunden mehr Zeit mit unbezahlter Sorgearbeit als männlich sozialisierte Menschen – pro Tag![39] Im Patriarchat ist es nur logisch, dass die Pflegebranche eine der am schlechtesten bezahlten überhaupt ist und dazu noch mit richtig miesen Arbeitsbedingungen aufwartet.

Spannend dabei ist, dass die „typisch weiblichen" Jobs wie diverse Dienstleistungstätigkeiten, Pflege- und Sorgetätigkeiten, Reinigungsarbeiten, Büroorganisation und Prostitution auch in einer patriarchalen Gesellschaft als notwendig eingestuft werden. Kein Mensch würde behaupten, dass dies unwichtige Jobs sind, auch männlich sozialisierte Menschen nicht. Diese Jobs sind ja auch essenziell für die Selbsterhaltung. Sie gelten in einer patriarchalen Gesellschaft lediglich als total ehrlos. Was dir in einer patriarchalen Gesellschaft Anerkennung, Respekt und viel Geld einbringt, sind Jobs, die Ehrgeiz und Risikobereitschaft erfordern, unabhängig von Rücksichtnahme oder Kollektivität – Merkmale, die im Patriarchat mit Männlichkeit assoziiert werden. Und da wir hier nicht von Individuen sprechen, sondern von einem systemischen Modell, funktioniert das auch umgekehrt: Ein Altenpfleger steht im gesellschaftlichen Ansehen unter einer BMW-Vorständin (bzw. der einen. Es gibt nur eine BMW-Vorständin). Denn Pflegen wird im Patriarchat mit Weiblichkeit assoziiert.

Fazit: Unser kapitalistisches Wirtschaftssystem und dessen Nebenwirkungen von Unterdrückung und Ausbeutung sind eines dieser „Riesenprobleme", die Existenzen bedrohen. Auf den ersten Blick scheint es total abwegig, diesem mit geschlechtergerechter

Sprache zu begegnen. Aber wenn wir unsere Sprache als ein Mittel von vielen betrachten, ist es nicht wegzudenken. Denn wie wir jetzt wissen, hat unsere Sprache viel Einfluss auf unser Denken und Handeln. Der Kapitalismus profitiert extrem vom Patriarchat, darum können wir nicht über das eine sprechen und das andere auslassen, sondern müssen dem Kapitalismus immer(!) auch feministische Ideen entgegenstellen. Das kann jedes Menschlein tun, nämlich immer wenn es spricht. Und ja: Sich Gedanken um Sprache machen zu können, ist ein Privileg. Genau dieses Privileg sollten wir nutzen, anstatt die Hände in den Schoß zu legen und uns wortlos an dem Platz am oberen Ende des Wohlstandbarometers zu erfreuen.

Zweitens: Haben von Sexismus Betroffene größere Struggles als das generische Maskulinum?

Ungleiche Bezahlung bei gleicher Arbeit, Altersarmut von Frauen aufgrund fragmentierter Erwerbsbiografien, fehlende Vereinbarkeit von Beruf und Familie, Sexismus im Alltag, in der Werbung, in den Medien" nennt ein Genderkritiker die Hindernisse auf dem Weg zu Gleichberechtigung.[40] Dies sind wohl so im Allgemeinen die Punkte, die aufgeführt werden, wenn von

Problemen in der Gleichberechtigung gesprochen wird. Und die auch angebracht werden, wenn es heißt, dass Sprache nicht das größte Problem der Frauenbewegung sei. Leider passiert hier schon das erste Missverständnis. Denn um die Frauenbewegung geht es hier ja gar nicht. Es geht um Queerfeminismus. Es geht um die Abschaffung unseres binären Geschlechtersystems. Oder zumindest darum, dass es in unserem Leben nicht mehr diese enorme, fast wahnhafte Wichtigkeit einnimmt. (By the way: Schon witzig, dass Feminist:innen oft ein „Genderwahn" vorgeworfen wird, dabei muss sich Mensch doch nur mal umschauen, wie sich auf allen Ebenen in unserer Gesellschaft an dieses binäre Geschlechterkonzept geklammert wird. Und die nennen UNS verrückt.) Und klar, bis zur Gleichstellung (oder Auflösung, je nachdem, wie Mensch es betrachtet) der Geschlechter gilt es, noch einige Hürden zu überwinden. Dieser genderfeindliche Autor, den ich oben zitiert habe, sieht diese Hürden als wichtiger an als Sprache.

Wenn Patriarchen über Sexismus reden …

Okay. Wir halten fest, sexistische Hürden gibt es. Bis hierhin sind wir uns einig. Mit den Hürden, die dieser Autor auflistet, bin ich aber nicht in Gänze einverstanden. In seiner Aufzählung hat er viele Punkte vergessen. Und ihm ist (sicherlich nur aus Versehen) ein Fehler passiert: Er hat nicht bemerkt, dass die „Vereinbarkeit von Beruf und Familie" kein Frauenproblem ist.

Seine „Vereinbarkeit von Beruf und Familie" ist in dieser Aufzählung sexistisch. Als wäre es das Ziel von weiblich sozialisierten Menschen, sich weiterhin um die ganze Care-Arbeit zu kümmern. Lol. Als wäre die „Vereinbarkeit von Beruf und Familie" nicht auch ein Problem von Männern. Die haben schließlich auch Familie (auch wenn sie das manchmal nicht soooo deutlich auf dem Schirm haben, sorry, Dudes). Es überrascht mich also nicht, dass er die ungleiche Verteilung von Care-Arbeit in seiner Aufzählung vergessen hat. Ups. Aber wie gesagt, das war bestimmt nur aus Versehen.

Es ist irgendwie liebreizend, dass so ein Autor daherkommt und der Gesellschaft versucht zu verklickern, was genau jetzt ihre Sexismusprobleme sind und welche schwerer wiegen als andere. Aber auch irritierend, um nicht zu sagen verstörend. Glaubt er denn wirklich, dass Verfechter:innen von geschlechtersensibler Sprache nicht eine sehr plastische Vorstellung von den Struggles haben, denen Frauen und TINA* ausgesetzt sind? Natürlich kennen wir diese Struggles. Dieses Buch ist voll davon. Und – hallooohooo! – wir sind überwiegend selbst von ihnen betroffen. Keine Ahnung, was Menschen denken, mit ihrer Gibt-es-nicht-größere-Sexismusprobleme-Argumentation. Dass es eine Handvoll Frauen und TINA* gibt, die (warum auch immer) all diese Probleme nicht kennen würden? Und sich darum der geschlechtersensiblen Sprache verschreiben, weil sie sonst nichts zu tun haben?

Nee, sorry. Alltagssexismus, Catcalling (aka niveaulose Anmache) und sexuelle Belästigung sind Standard als weiblich gelesene Person. Dazu kommt der Druck, der dir mit deiner Genderrolle „Mädchen" und „Frau" auferlegt wird: immer gut für andere funktionieren zu müssen, mehr als für sich selbst. Die Eltern ja nicht wütend machen dürfen (das darf nur der Bruder) und schon gar nicht selbst wütend werden (das darf auch nur der Bruder). Nicht ernst genommen zu werden, wenn du etwas zu sagen hast (und erst recht nicht, wenn du wütend bist), und vor allem: so sehr auf dein Äußeres reduziert zu werden, dass dir eigentlich nur noch die Bulimie und Magersucht bleibt, wenn du den Normen gerecht werden willst. Und dabei habe ich keine Kinder. Das Patriarchat trifft dich als Mensch mit Uterus erst richtig hart, wenn du Kinder bekommst. Da heißt es dann: „Ciao, aktive Teilnahme an der Gesellschaft!" Genauso merken TINA*, glaube ich, am ehesten selbst, dass sie, wenn es nach Genderkritiker:innen gehen würde, gar nicht existieren dürften. Das muss dieser Autor ihnen nicht sagen. Ähm, ja, tut er ja auch nicht. Weil nach ihm dürfte es sie ja nicht geben. Ach, ein Teufelskreis …

Über Tellerränder

Wenn wir über Sexismus sprechen, sollten wir würdigen und feiern, dass im Kampf für Frauenrechte schon viel passiert ist. Viele mutige Frauen vor uns haben ihre Fäuste gereckt und sind für ihre radikale Entscheidung eingestanden, sich nicht mehr ausbeuten lassen zu wollen. Frauen vor uns haben uns das Wahlrecht und die rechtliche Gleichstellung erkämpft und haben dafür gesorgt, dass seit den 70er-Jahren Vergewaltigung in der Ehe strafbar ist. Darüber müssen wir mitteleuropäischen Frauen uns keine Gedanken mehr machen. In dieser Hinsicht geht es uns … na ja … gut. Unsere Lebensbedingungen sind mittlerweile so stabil, dass wir uns über andere Dinge Gedanken machen können, als darüber, wie wir einen möglichst netten Ehemann bekommen – weil wir seiner Gunst, seinem Wort und seinem Besitz so unterworfen sind, dass davon unsere psychische und physische Versehrtheit abhängt. Wir können uns Fragen widmen, die wir in den Jahrhunderten und Jahrzehnten davor nicht gesehen haben, weil sie einfach nicht dran waren. Geschlechtersensible Sprache ist einfach ein logischer nächster Schritt auf dieser Timeline. Denn das Patriarchat hört ja nicht auf zu existieren, nur weil Frauen jetzt wählen dürfen oder sie laut Gesetz nicht mehr von ihren Ehemännern vergewaltigt werden dürfen. Wer kann schon sagen, wann wir fertig sind mit der Emanzipation? Unsere Generation sicher nicht.

Dass wir uns über Sprache Gedanken machen können, ist ein gutes Zeichen und führt gleichzeitig zu erbarmungslosen Erkenntnissen. Nämlich, dass Frauenunterdrückung nicht so eindimensional ist, wie unsere Vorkämpferinnen annehmen mussten. Denn bei allem, was die Frauenbewegung uns mitteleuropäischen Frauen erkämpft hat, hatte sie dabei vor allem eines vor Augen: ihre eigene Lage. Die Lage weißer mitteleuropäischer cis Frauen. Das ist nur logisch, denn an dieser Lage gab es mehr als genug zu rütteln.

Das Problem dabei ist, dass die Frauenbewegung in Europa eine stark akademische Bewegung war, geführt und unterstützt von Frauen aus der Oberschicht. Damals galt für diese Handvoll Frauen das Gleiche wie heute für einen Großteil der Gesellschaft im globalen Norden: Sie hatten die Zeit, die Bildung und die Ressourcen, um sich mit politischen Prozessen zu beschäftigen. Sie haben Schriften verfasst, ihre Stimmen wurden festgehalten, sie hatten Zugang zu öffentlichen Foren und waren wohlhabend genug, sich von Repression freizukaufen. Diese Tradition riss nie ganz ab und mündete im liberalen Feminismus des 21. Jahrhunderts, der sich vor allem Gedanken um Aufstiegschancen im Job und um Quoten in Führungsebenen macht. Der also nur auf einen kleinen Teil privilegierter Frauen zugeschnitten ist.

Durch diese einseitige Betrachtungsweise übersehen wir die Gewalt, die von uns weißen mitteleuropäischen cis Frauen gegenüber anderen Unterdrückten ausgeht. Genauso hat der liberale Feminismus wenig bis gar keinen Bezug zu dem Struggle, den eine alleinerziehende Mutter mit nicht deutsch klingendem Namen und einem Kind mit Downsyndrom durchmacht, die ihren Körper auf dem Strich verkauft, wenn sie gerade nicht als Reinigungskraft arbeitet, und dazu noch ihre kranke Mutter pflegen muss – um mal ein Extrem zu malen. Hierarchien und Diskriminierung sind mehrdimensional. Was wir noch lernen müssen, ist, über unseren eigenen Tellerrand zu schauen. Ob dieser Teller nun weiße Vorherrschaft, cis Geschlechtlichkeit, Klassismus oder alles zusammen ist, müssen wir selbst wissen.

Das mit den „größeren Problemen" ist also gar nicht so einfach. Wenn wir über die „großen Probleme der Welt" sprechen, können wir fast nie das eine „große Problem" neben dem anderen „großen Problem" auslassen. Die meisten Menschen dieser Welt sind nämlich von mehr als einem dieser „großen Probleme" betroffen. Die Schwarze Juristin Kimberly Crenshaw hat dem Ganzen einen Namen gegeben: Intersektionalität. Und sie hat dem Ganzen ein Bild gegeben: eine Kreuzung, in deren Mitte eine Schwarze Frau steht, die – egal was sie tut, immer und überall – gleichzeitig von Rassismus und Sexismus überfahren wird.

Unsere Krisen sind komplex, darum müssen auch Lösungen komplex sein. Menschen sind weiblich und Schwarz, sie haben eine Behinderung und sind trans*, sie sind arm und homosexuell. Vielleicht auch alles zusammen. Krisen treffen uns gleichzeitig und unterschiedlich stark. Diskriminierung trifft uns gleichzeitig und manche mehr als andere. So sind beispielsweise weiblich sozialisierte Menschen stärker von den Folgen der Klimakrise betroffen als männlich sozialisierte Menschen. Und weiblich sozialisierte Menschen im globalen Süden sind noch mal mehr betroffen. Warum?

Wegen des Patriarchats, des Kolonialismus und des Kapitalismus. Die Dreifaltigkeit des Geistes unserer Zeit.

Wir können also kein gesellschaftliches Problem isoliert betrachten. Schon gar nicht können wir es vollständig und rundum von allen Seiten betrachten. Jede:r von uns hat einen anderen Standpunkt und Blickwinkel. So musste auch der weiße Feminismus lernen, dass er nicht die Lösung für alle Frauen der Welt bereithält, sondern lediglich einen Identifikationspunkt für ein Häufchen privilegierter Frauen im globalen Norden bietet, die sich Sorgen um die gläserne Decke machen.[41] Diese Erkenntnis tat weh (denn wir Weißen waren immer überzeugt, dass wir alles besser wissen und mit allem recht haben) und wird sicherlich nicht die letzte sein. Für uns ist sie aber wichtig, weil sie natürlich auch unsere Sprache beeinflusst.

Zu viele Probleme

Die Frage, ob es „nicht größere Probleme" gibt, ist also Kokolores. Ganz egal, ob es jetzt um „größere Probleme als den Sexismus" oder „größere Probleme in der Gleichberechtigung" geht. Es kommt vielmehr darauf an, wer du bist. Denn je nach Alter, sozialer Schicht, Bildungsgrad, Gesundheit, rassistischer Zuschreibungen, Geschlecht, Gender und deinen ganz persönlichen Erfahrungen hast du diese oder jene oder andere Probleme. Dein Standpunkt ist also wichtig, nicht zuletzt, weil er große Auswirkung darauf hat, wie sehr du dich mit den Struggles der andern solidarisieren kannst, wo du supporten kannst – oder wo du vielleicht sogar (wenn auch unbewusst) ihre Struggles mitverursachst. Wenn du also das Privileg hast, dir über geschlechtersensible Sprache Gedanken zu machen, dann kannst du das auch ruhig tun. Wir haben verschiedene Privilegien, die wir verschieden nutzen können. Vorausgesetzt, wir bewegen unseren Allerwertesten über den Tellerrand. Ja, genau: über. Nicht nur drüber gucken. Losgehen!

Dabei ist es übrigens ganz normal, Angst um die eigenen Privilegien zu haben. Wir wissen schließlich nicht, was mit ihnen passieren wird, wenn wir das mit der Auflösung großer Probleme ernst meinen. Da wundert es nicht, dass es uns bei dem Gedanken an einen gesellschaftlichen Wandel etwas bang wird. Alles andere wäre scheinheilig. Veränderungen sind immer beängstigend, erst recht, wenn wir so gar keine – wirklich überhaupt keine – Ahnung haben, wo uns diese Veränderungen hinführen. Die Frage ist nur, wie wir mit dieser Angst umgehen.

Alle, die darüber meckern, was mensch heute denn überhaupt noch sagen darf, sollten sich also mit dem Gedanken anfreunden, dass es nie eine vollständig richtige und unumstößliche Antwort darauf geben wird. Wer wie ich in den 90ern aufgewachsen ist, weiß, dass es damals als politisch unkorrekt galt, eine Schwarze

Person „schwarz" zu nennen. Heute ist es der größte Fettnapf überhaupt von „Farbigen" zu reden, wenn wir Schwarze Menschen meinen. Durch neue Erkenntnisse über das Gesamtbild erschaffen wir auch neue Ausdrücke, um diese Erkenntnisse zu benennen. Und das gilt auch für gendersensible Sprache. BIPoC, Inter*, Mensch mit Behinderung, Dragqueen, TINA* ... alles Wörter, von denen ich keinem von euch versprechen kann, dass sie in einem Jahr noch verwendet werden sollten. Aber das absolut Mindestmindeste, was wir tun können, um den großen Problemen der Welt die Stirn zu bieten, ist, diesen Personen, die das System am meisten abfuckt, bei einem respektvollen Namen zu nennen – im besten Fall bei einem, den sie sich selbst gegeben haben. Ja, selbst wenn der sich mehrmals ändert. So what!? Es gibt echt größere Probleme, als sich darüber Gedanken zu machen.

Kein Nachwort

Schön, dass du mich bis hierhin begleitet hast. Ich hoffe, ich konnte dir neue Türen öffnen und dir im besten Fall ein paar bisher unbekannte Räume eröffnen. Ganz zum Schluss habe ich noch etwas für dich. Innig geliebt und heiß begehrt: ein bisschen Statistik.

Ich frage mich nämlich wirklich, warum die ganzen Gendern-Kritiker:innen ihre Energie damit verschwenden, jede Person impertinent und ätzend zu finden, die ihnen neue Ideen für unser gesellschaftliches Zusammenleben an die Hand gibt. Da bin tatsächlich ich es, die sich fragt: Haben diese Menschen keine größeren Probleme? Die Statistiken sagen: doch. Sie sagen, dass die wenigsten Menschen auf der Welt unser aktuelles Wirtschaftssystem gut finden. Das System, das uns unsere Jobs gibt, uns ernährt und uns ein besseres oder schlechteres Dach über dem Kopf ermöglicht. Also etwas sehr Elementares in unserem Leben, das enormen Einfluss auf unsere Lebensqualität hat.

Laut Statista[42] finden nur 16 Prozent der Deutschen, dass der Kapitalismus gut funktioniert. Unter den zehn befragten Ländern war nur ein Land noch mehr Fan: die USA. Haha. In anderen europäischen Ländern wie Spanien oder Italien fanden nur fünf Prozent der Befragten den Kapitalismus gut, so wie er ist. Fünf Prozent! Und Feminist:innen werden Nerds genannt. Pah! In Wahrheit sind es offenbar die Kapitalist:innen, die ein kleiner Außenseiter:innenhaufen voll Freaks sind. Aber es kommt noch besser. In Frankreich sagten 43 Prozent:

„Er [der Kapitalismus] ist ruiniert und ein anderes Wirtschaftssystem ist nötig“[43]

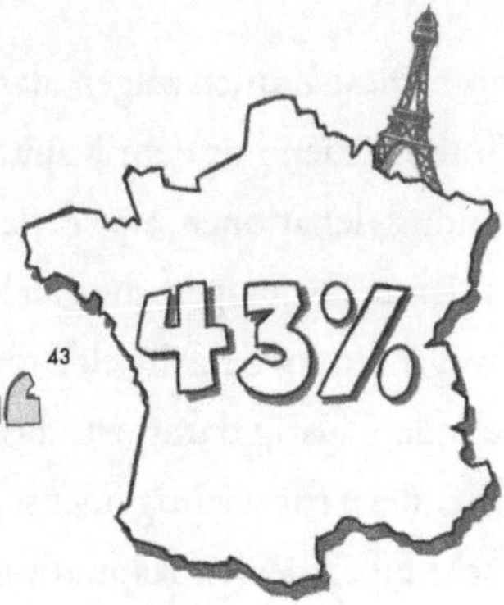

Der Kapitalismus ist ruiniert

Fast die Hälfte aller Menschen in Frankreich ist also offenbar einem radikalen Systemwandel zugeneigt. Da kriege ich Herzchen in den Augen. Laut einer anderen Studie der britischen BBC, die global 27 Länder berücksichtigt, wünschen sich 23 Prozent der Befragten eine vollkommen neue Wirtschaftsordnung.[44] Also fast ein Viertel. Und in Deutschland? Das traue ich mich kaum zu sagen. Es sind acht Prozent. Ist das nur mir peinlich? Der Grund dafür ist klar. Deutschland ist mit seiner starken Auto- und Chemikalienindustrie und der niedrigen Arbeitslosenquote auf der wirtschaftlichen Feelgood-Range ziemlich weit oben. Aber normal ist das nicht.

Diese Zahlen zeigen, dass ein Großteil der Weltbevölkerung unzufrieden mit dem Kapitalismus ist. Sogar in den westlichen Industrienationen, also diejenigen, die von ihm am meisten profitieren. Diejenigen, die den Kapitalismus richtig geil finden, sind mit ihren im Schnitt elf Prozent eine klägliche Minderheit. Besonders lustig daran ist, dass es sogar mehr Deutsche gibt, die Gendern für wichtig oder sogar sehr wichtig halten, als es Deutsche gibt, die den Kapitalismus gut finden.[45] Verrückt, oder? So viele unzufriedene Menschen. Überall. So viele unzufriedene Menschen, die sich neue und gerechtere Lebensumstände wünschen. Und dann über Gendern meckern. Echt jetzt?

Unbequem

Ich bin der festen Überzeugung, dass wir die Ursachen für unseren weltweiten Kapitalismusschlamassel in einer viel zu jungen Vergangenheit suchen. Es begann nicht erst vor hundert Jahren oder sogar einigen Jahrzehnten mit ein paar Weltwirtschaftskrisen. Es begann vor mehr als 5.000 Jahren – mit dem Patriarchat. Und gleichzeitig bin ich der festen Überzeugung, dass wir die Lösung für unsere Probleme auf keinen Fall in der Vergangenheit finden werden. Mein Eindruck ist, dass „Systemwandel" vor allem bei einer deutschen Mittelschicht entweder mit „Diktatur" oder „Kommunismus" gleichgesetzt wird. Das sind die Alternativen, die historisch gesehen bisher Karriere gemacht haben – auch wenn sie in ihrem Job eher mies waren (irgendwie scheint das im Patriarchat oft zusammenzuhängen). Für die Lösungsfindung ergibt es viel mehr Sinn, uns der Zukunft zuzuwenden, nach vorn zu schauen und uns etwas Neues auszudenken. Um uns neue Systeme und neue Umstände vorstellen zu können, braucht unser Gehirn aber die passenden Frames. Wo wir wieder bei der Sprache wären.

Das Patriarchat ist kein kleines Problem. Es ist ein riesengroßes Monsterproblem. Und so gefährlich, weil es uns bis heute seine Werte diktiert. Das Patriarchat ist viel älter als unsere Rassentheorien und der Kapitalismus. Es ist Tausende von Jahren alt, wahrscheinlich so alt wie unsere Sesshaftwerdung. So alt wie es ist, so mühselig wird es sein, es aus unserem Denken, Handeln und Sprechen zu entfernen. Geschlechtergerechte Sprache ist dafür nicht das einzige Mittel, aber es ist ein wichtiges Mittel, das uns allen hier und jetzt ohne großen Aufwand zur Verfügung steht.

Damit dieser eklige Kreislauf aus Profitmaximierung und Unterdrückung aufhört, brauchen wir ein Wirtschaftssystem, das ohne Wachstum auskommt. Das haben die Kommunist:innen zwar schon probiert, das mit der guten, heilen Welt, aber trotzdem nicht hingekriegt. Weil sie haben nämlich das zweite To-do auf der Systemwandelliste vergessen. Als Zweites gilt es, unsere alten Theorien darüber, welche Menschen wertvoller sind als andere, über Bord zu werfen. Wir haben unsere bisherigen Werte erschaffen. Darum sind wir auch fähig, neue Werte zu etablieren, die auf Solidarität, Respekt und Fürsorge beruhen. Ganz nach dem Prinzip des Hebbian Learnings können wir diese Werte proben, immer und immer wieder, bis sich die neuen Denk- und Handlungsweisen in unseren Neuronen als Netz etabliert haben.

Freilich gibt es Situationen, die Frauen (für TINA*s kann ich hier nicht sprechen) viel unmittelbarer als Diskriminierung wahrnehmen als die Verwendung des generischen Maskulinums. Wenn sie schlechter verdienen als der nicht besser qualifizierte Kollege. Oder wenn sie weniger ernst genommen werden als der nicht besser qualifizierte Kollege. Oder wenn sie nach einem harten Arbeitstag zu Hause noch der Großteil der Care-Arbeit erwartet. Oder wenn junge Mädchen Bodyshaming in der Schule oder in den sozialen Netzwerken erleben. Aber ganz ehrlich: Wenn wir es nicht einmal schaffen, unsere sprachlichen Gewohnheiten zu ändern, wie sollen wir dann bitte den Rest schaffen, diese ominösen „größeren Probleme"? Wie sollen wir jemals den Mut aufbringen, eine Gesellschaft aufzubauen, die ohne Sexismus, ohne Rassismus, ohne Ableismus, ohne Klassismus funktioniert, wenn wir schon an so einem Pups wie dem generischen Maskulinum scheitern? Und dann ist da ja noch die Klimakrise. Um das deutlich zu machen: Es geht nicht um den Aufbau neuer Wohlfühl-Moralvorstellungen, die ein bisschen mehr grünen Strom erzeugen, ein paar Posten in der Politik weiblich und migrantisch besetzen oder den veganen Lifestyle zu DEM Shit der 2020er machen. Es geht vielmehr um den Aufbau neuer Moralvorstellungen in unseren gewohnheitsliebenden Gehirnen, die dafür sorgen, dass wir unseren Planeten nicht gegen die Wand fahren.

System… was? System…wandel!

Ich sag euch, Leute, das wird echt hart werden. Das wird uns alle so was von aus unserer Komfortzone ballern, dass wir uns in die Zeit zurücksehnen werden, als wir noch über so etwas Banales wie Gendern diskutiert haben. Um mal konkret zu werden (Framing und so), lasst uns ein paar Wirtschaftszweige auflisten, die in einem System ohne Patriarchat und wirtschaftliches Wachstum entweder komplett überflüssig werden oder so stark schrumpfen werden, dass sie mit den heutigen Verhältnissen eigentlich nichts mehr zu tun haben: die Werbebranche, die Finanzbranche, die Immobilienbranche, die Versicherungsbranche, die Beautybranche, die Reisebranche, die Automobilbranche, die Chemikalienbranche, die Baubranche und natürlich die gesamte fossile Branche, also Öl, Gas und Kohle. Diese Liste ist sicherlich nicht vollständig und die Chance ist groß, dass auch deine Lebensrealität, liebe lesende Person, davon betroffen ist.

Das klingt jetzt alles ziemlich dystopisch. Aber sooooo schlimm wird es gar nicht. Die Wirtschaftsexpertin und Journalistin Ulrike Herrmann hat sich das mal genau angeguckt und ist zu dem Schluss gekommen, dass unser Wohlstand ohne diese ganzen Industrien mit dem Jahr 1978 vergleichbar wäre.[46] Urlaub halt in Dänemark und Italien statt in Übersee (also nicht das Übersee am Bodensee, das wäre schätzungsweise okay, ich meine so andere Kontinente jenseits der Ozeane, wo mensch mit dem Zug schwer hinkommt). Gibt Schlimmeres. Und unsere Smartphones könnten wir sogar behalten. Und Spotify vielleicht dann auch. Ist doch was.

Aber das ist noch nicht alles. Denn der Systemwandel betrifft ja nicht nur die Wirtschaft, sondern auch eine ganze Reihe politischer Institutionen. Und das könnte sogar angenehm werden. Stellt euch nur mal vor, wir könnten uns künftig den gesamten Papierkram rund um Heirat (wer braucht schon die heteronormative monogame Ehe?), Staatsangehörigkeit (wo du herkommst, ist so was von egal), Grundsicherung (Bedingungsloses Grundeinkommen für alle statt Bürger:innengeld und Sozialhilfe) und andere überflüssige staatliche Kontrollinstanzen so was von sparen. Diskriminierungsfreie Bildungs- und Familienkonzepte werden Schulen, Ministerien, Kitas, Standesämter und nicht zuletzt unseren privaten Wohnraum ziemlich umkrempeln. Manche Institutionen können sich zum Wohle aller auch einfach – puff! – in Luft auflösen. So ein Heimatministerium zum Beispiel. Was macht das eigentlich? Weiß niemensch so genau. Aber dass es eine Idee von Horst Seehofer war, sagt schon alles, oder?

Kurzum: Es gibt viele mächtige Aufgaben, die auf uns als Gesellschaft zukommen. Ob wir das alles gewuppt kriegen, hängt nicht nur von unserer Motivation und unserem Tatendrang ab, sondern auch von unseren Skills. Schaffen wir es, die Sinnhaftigkeit und Funktionalität von politischer Führung zu überdenken? Schaffen wir es, uns stattdessen selbst für die Vorgänge und Missstände in unseren Familien, Vierteln und Städten verantwortlich zu fühlen? Schaffen wir es, neue Formen von Kommunikation zu lernen, die wohlwollend kritisiert und auf Augenhöhe stattfindet? Schaffen wir es, Entscheidungen zu treffen, die nicht nur eine laute Mehrheit befriedigt, sondern den Konsens aller Betroffenen einholt? Voraussetzend für die Beantwortung all diese Fragen ist die Antwort auf folgende: Schaffen wir es, entsprechende sprachliche Ausdrücke für unsere guten Vorsätze zu finden?

Wenn ihr mich fragt, wird es in diesen Lernprozessen ziemlich rumpeln. Es werden verschiedene Bedürfnisse aufeinanderdonnern. Menschen werden sich ausgeschlossen und angegriffen fühlen (und manchmal zurecht). Es werden Fehler gemacht werden und ausgeräumt werden müssen, es wird viele Diskussionen und Streitigkeiten geben und vielleicht wird leider sogar Blut fließen. Wie sollen wir das denn bitte alles wuppen, wenn wir es nicht einmal schaffen, das Patriarchat aus unserer Sprache zu kicken? Wie sollen wir bitte ein neues Wirtschaftsmodell aufbauen, wenn die täglichen Bilder in unseren Köpfen noch auf den Ideen rassistischer, frauenfeindlicher, homophober weißer Männer beruhen? Wie soll da Platz für etwas Neues entstehen?

Erst recht, wenn wir unsere Energie damit verschwenden, uns gegen Sprachveränderungen zu wehren. Diese sind unumgänglich und kein neues Phänomen, sondern sie sind Teil der sprachlichen DNA. Darum ist das Meckern über mehr Sensibilität in unserer Sprache ein Kampf gegen Windmühlen. Denn wenn wir uns die Entwicklungen der letzten zweihundert Jahre anschauen, ist Diversität die Richtung, in die sich unsere Gesellschaft bewegt. Ich würde mich das ja nie trauen so zu sagen, aber der Aktivist und Autor Raúl Krauthausen hat es auf den Punkt gebracht: „Also die Leute, die sagen, sie dürfen ja jetzt nichts mehr sagen, die haben einfach nur keinen Bock, sich Alternativen zu überlegen, wie sie es noch formulieren könnten. Die sind einfach faul. Dass sich Sprache verändert, war ja schon immer so.“[47]

Die Statistiken zeigen, dass die meisten Menschen unzufrieden sind mit dem aktuellen System, das uns ernährt. Wenn wir etwas ändern wollen, kann natürlich für uns nicht alles so bleiben, wie es ist. Ist logisch. Und manches wird unbequem. Richtig dolle unbequem. Wenn wir über Lösungen für eine gerechtere Welt sprechen, ist es also eher so, dass gendersensible Sprache unser kleinstes Problem sein wird. Also: Go for it!

Wie geht gendern?

Es lebe der Knacklaut

Der Knacklaut ist ein hervorragendes Werkzeug des Standarddeutschen, das uns das Gendern enorm erleichtert. Dabei tut der Knacklaut weder knacken noch irgendeinen Laut machen. Im Gegenteil. Wir würgen mit dem Knacklaut quasi eine Silbe ab und erzeugen dadurch eine kurze Pause innerhalb oder nach einem Wort. Er ist ein so fester Bestandteil unserer Sprache, dass er in manchen Fällen einen Unterschied in der Bedeutung macht:

Sandale (ohne Knacklaut) vs. *Sandaale* (mit Knacklaut nach [sand])

Urinstinkt (mit Knacklaut nach [ur]) vs. *Urin stinkt* (selbsterklärend)

Meine Lieblingsvarianten mit dem Knacklaut

Der Asterisk [*]: *Anwohner*innen* – Der empowernde Star im Gendern-Game für ein selbstbewusstes Wortbild

Der Doppelpunkt [:]: *Anwohner:innen* – Schlicht und unkompliziert

Der Punkt [.]: *Anwohner.innen* – Minimalistisch und dezent

<u>Funktionieren auch in der Wortmitte:</u> *Bürger:innenrat, Freund:innenschaft*

Neutraler Sprachgebrauch

Anstatt mit dem Knacklaut zu gendern, können wir auch möglichst neutrale Personenbezeichnungen wie *Mensch(en)* oder *Person(en)* verwenden.

Die Gäst:innen waren zufrieden. – Alle Menschen auf der Party waren zufrieden.

War der:die Briefbot:in schon da? – War die Person, die die Post bringt, schon da?

Der Partikel *man*

Da kann man ja mal drüber nachdenken. Ja, auch *man* kann gegendert werden. Denn immer, wenn wir von *man* sprechen, gehen wir von einem „Mann" als Norm für alle Menschen aus. Es gibt mehrere Möglichkeiten, *man* zu umgehen:

ich/du/wir/ihr

Da kannst du / kann ich ja mal drüber nachdenken.
Da können wir / könnt ihr ja mal drüber nachdenken.

Ist nicht nur aus einer Antidiskriminierungs-, sondern auch aus einer psychologischen Perspektive vorteilhaft. Wenn wir herrschende Umstände nicht zu sehr verallgemeinern, sondern sie auf uns selbst oder das Gegenüber beziehen, empfinden wir uns mehr als handlungsfähiges Objekt.

du als allgemeingültiges Pronomen

Wenn man immer geradeaus geht, kommt man zum Marktplatz.
Wenn du immer geradeaus gehst, kommst du zum Marktplatz.

So macht es beispielsweise das Englische.

mensch

Da kann mensch mal drüber nachdenken.
Wenn mensch immer geradeaus geht, kommt mensch zum Marktplatz.

Besonders knifflig: *man* steckt auch in *jemand* und *niemand*. Aber kein Problem:

Da hat niemensch drüber nachgedacht.
Kann mir jemensch sagen, wie ich zum Marktplatz komme?

Binarität vermeiden

Bei mehreren Themen ist Präzision gefragt. Hier eine Liste mit Begriffen, die je nach Thema helfen können, nicht nur von „Frauen" oder „Männern" zu sprechen, sondern auch TINA*s mit ins sprachliche Boot zu holen.
Menstruierende (Person), Schwangere, Mensch mit Uterus, Mensch mit Penis, Gynäkolog:in (anstatt *Frauenärzt:in*), männlich / weiblich sozialisierte Menschen, männlich / weiblich gelesene Menschen

Begriffserklärungen

Cis: Ein cis Mensch ist eine Person, die sich dem ihr bei ihrer Geburt zugeteilten Geschlecht zugehörig fühlt. Die meisten von uns sind cis Menschen. Cis ist als Abgrenzung zu genderfluiden, nicht binären oder Transidentitäten zu verstehen.

FLINTA*: steht für Frauen, Lesben, Inter, Non-Binary, Trans und Agender* und ist der Versuch, einen Ausdruck für eine Personengruppe zu finden, die nicht cis männlich ist. Es ist ein Sammelbegriff für die Personengruppe, die von struktureller Diskriminierung aufgrund ihres Geschlechts betroffen ist.

TINA*: steht für Trans, Inter, Non-Binary und Agender* und ist somit als Bezeichnung für Menschen zu verstehen, die nicht cis geschlechtlich sind bzw. in kein binäres Geschlechtersystem passen. Dieser Begriff ist insofern wichtig, weil Menschen, die keine binäre Geschlechtsidentität haben, anders von geschlechtlicher Diskriminierung betroffen sind als cis Frauen.

Quellen

1 Penny, Laurie: „Feminismus: Die Befreiung der Männer." In: „Blätter für deutsche und internationale Politik", Nr. 6, S. 81-90, 2015.

2 https://www.youtube.com/watch?v=ThKOUjdPELM

3 https://www.bpb.de/kurz-knapp/lexika/politiklexikon/17618/ideologie/

4 Urner, Maren: „Raus aus der ewigen Dauerkrise", Droemer Verlag, 2021

5 https://www.duden.de/sprachwissen/sprachratgeber/generische-verwendungsweise-maskuliner-formen

6 Hausherr-Mälzer, Michael: „Die Sprache des Patriarchats. Sprache als Abbild und Werkzeug der Männergesellschaft", Peter Lang, 1980

7 Wie die Medizin Frauen vernachlässigt, Kontrovers, BR: https://youtu.be/NhXQlivM0zA

8 König, Werner: „dtv-Atlas Deutsche Sprache", dtv, 2005

9 (You can describe the neolithian revolution as an accident); https://www.zdf.de/dokumentation/terra-x/maechtige-maenner-ohnmaechtige-frauen-102.html#autoplay=true&startTime=1

10 Ghattas, Dan Christian: „Intergeschlechtliche Menschen in Europa schützen: Ein Toolkit für Gesetzgeber_innen und politische Entscheidungsträger_innen", Hg.: Organisation Intersex International (OII Germany), https://oiigermany.org/intergeschlechtliche-menschen-in-europa-schutzen-ein-toolkit-fur-gesetzgeber_innen-und-politische-entscheidungstrager_innen/

11 https://open.spotify.com/episode/49buDpl7BbUxiXP1khOnA9?si=c670be9da33f49a7

12 https://www.deutschlandfunk.de/vor-400-jahren-gegruendet-fruchtbringende-gesellschaft-fuer-100.html" \o "https://www.deutschlandfunk.de/vor-400-jahren-gegruendet-fruchtbringende-gesellschaft-fuer-100.html

13 https://www.faz.net/aktuell/feuilleton/debatten/gendern-generisches-maskulinumseit-jeher-in-gebrauch-laut-linguisten-18787526.html

14 https://open.spotify.com/episode/7Meblm9j9dy0iWGDVnsrD4?si=4wzSdBGKSNWhrwiCTg--WA&utm_source=copy-link

15 Fennert, Dana: „Das generische Maskulinum: Ein Auslaufmodell?", in „Monitor - Gesellschaftlicher Zusammenhalt", Konrad Adenauer Stiftung, 2022

16 Lakoff, George / Wehling, Elisabeth: „Auf leisen Sohlen ins Gehirn. Politische Sprache und ihre heimliche Macht", Carl-Auer, 2016

17 Wehling, Elisabeth: „Politisches Framing. Wie eine Nation sich ihr Denken einredet - und daraus Politik macht", Herbert von Halem, 2016

18 Rickheit, Gert / Weiss, Sabine / Eikmeyer, Hans-Jürgen: „Kognitive Linguistik. Theorien, Modelle, Methoden", Francke Verlag, 2010

19 Calvin, William H. / Ojemann, George A.: „Einsicht ins Gehirn. Wie Denken und Sprache entstehen", dtv, 2000

20 Wehling, Elisabeth: „Politisches Framing. Wie eine Nation sich ihr Denken ein-

redet - und daraus Politik macht", Herbert von Halem, 2016

21 Buttaroni, Susanna: „Wie Sprache funktioniert: Einführung in die Linguistik für Pädagoginnen und Pädagogen", Schneider Verlag, 2011

22 Stocké, Volker: „Framing und Rationalität. Die Bedeutung der Informationsdarstellung für das Entscheidungsverhalten", Oldenbourg Wissenschaftsverlag, 2002

23 Wehling, Elisabeth: „Politisches Framing. Wie eine Nation sich ihr Denken einredet - und daraus Politik macht", Herbert von Halem, 2016

24 Wehling, Elisabeth: „Politisches Framing. Wie eine Nation sich ihr Denken einredet - und daraus Politik macht", Herbert von Halem, 2016

25 Wehling, Elisabeth: „Politisches Framing. Wie eine Nation sich ihr Denken einredet - und daraus Politik macht", Herbert von Halem, 2016

26 https://www.deutschlandfunk.de/rassismus-in-der-sprache-uns-fehlen-die-worte-100.html

27 Gümüsay, Kübra: „Sprache und Sein", Hanser Berlin, 2020

28 Lakoff, George / Wehling, Elisabeth: „Auf leisen Sohlen ins Gehirn. Politische Sprache und ihre heimliche Macht", Carl-Auer, 2016

29 Rickheit, Gert / Weiss, Sabine / Eikmeyer, Hans-Jürgen: „Kognitive Linguistik. Theorien, Modelle, Methoden", Francke Verlag, 2010

30 Wehling, Elisabeth: „Politisches Framing. Wie eine Nation sich ihr Denken einredet - und daraus Politik macht", Herbert von Halem, 2016

31 Wehling, Elisabeth: „Politisches Framing. Wie eine Nation sich ihr Denken einredet - und daraus Politik macht", Herbert von Halem, 2016

32 Wehling, Elisabeth: „Politisches Framing. Wie eine Nation sich ihr Denken einredet - und daraus Politik macht", Herbert von Halem, 2016

33 https://www.tagesspiegel.de/politik/italiens-parlamentsprasidentin-will-nicht-mehr-il-presidente-sein-5180011.html" \o "https://www.tagesspiegel.de/politik/italiens-parlamentsprasidentin-will-nicht-mehr-il-presidente-sein-5180011.html

34 https://de.statista.com/themen/10246/essstoerungen/

35 Gümüsay, Kübra: „Sprache und Sein", Hanser Berlin, 2020

36 https://open.spotify.com/episode/7KnBtX5MZJUU7zjzdKYNro?si=92356fac90884f0c

37 https://www.merkur.de/politik/bestseller-autorin-birgit-kelle-irre-gender-wahn-gendergaga-zr-4790683.html

38 Rulffes, Evke: „Die Erfindung der Hausfrau - Geschichte einer Entwertung", Harper Collins, 2021

39 https://www.bmfsfj.de/bmfsfj/themen/gleichstellung/gender-care-gap/indikator-fuer-die-gleichstellung/gender-care-gap-ein-indikator-fuer-die-gleichstellung-137294" \o "https://www.bmfsfj.de/bmfsfj/themen/gleichstellung/gender-care-gap/indikator-fuer-die-gleichstellung/gender-care-gap-ein-indikator-fuer-die-gleichstellung-137294

40 Payr, Fabian: „Von Menschen und Mensch*innen - 20 gute Gründe, mit dem Gendern aufzuhören", Springer Verlag, 2021

41 Penny, Laurie: „Feminismus - die Befreiung der Männer", 2015

42 https://de.statista.com/statistik/daten/studie/70793/umfrage/meinung-zum-kapitalismus-in-ausgewaehlten-laendern/

43 https://de.statista.com/statistik/daten/studie/70793/umfrage/meinung-zum-kapitalismus-in-ausgewaehlten-laendern/

44 https://de.statista.com/statistik/daten/studie/70793/umfrage/meinung-zum-kapitalismus-in-ausgewaehlten-laendern/

45 https://www.rtl.de/cms/umfrage-zum-gendern-das-denke-die-deutschen-ueber-diesprache-4770234.html

46 https://www.zeit.de/arbeit/2022-12/das-ende-des-kapitalismus-buch-gruenes-wachstum-ulrike-herrmann-interview" \o "https://www.zeit.de/arbeit/2022-12/das-ende-des-kapitalismus-buch-gruenes-wachstum-ulrike-herrmann-interview

47 https://open.spotify.com/episode/7rloHzlO0PYuLqd7n0u9wP?si=23fcccd90e104733

Alle Webseiten wurden zuletzt am 22.1.2024 abgerufen.

Zum Weiterlesen:

Gümüşay, Kübra: „Sprache und Sein", Hanser Berlin, 2020

Roig, Emilia: „Why we matter - Das Ende der Unterdrückung", Aufbau Verlag, 2021

Stoverock, Meike: „Female Choice - Vom Anfang und Ende der männlichen Zivilisation", Tropen, 2021

Urner, Maren: „Raus aus der ewigen Dauerkrise", Droemer Verlag, 2021

Völkening, Lena: „Gendern - Warum wir die Flexibilität des Sprachsystems nutzen sollten", Unrast Verlag, 2022

Wehling, Elisabeth: „Politisches Framing. Wie eine Nation sich ihr Denken einredet - und daraus Politik macht", Herbert von Halem, 2016